닥터 K의 이상한
해부학 실험실

KAY'S ANATOMY

Original English language edition first published
by Penguin Books Ltd, London
Text copyright ⓒAdam Kay, 2020
Illustrations copyright ⓒHenry Paker, 2020
The moral right of the author and illustrator has been asserted
All rights reserved

Korean translation copyright ⓒ Will Books Publishing Co., 2022
Korean translation rights arranged with PENGUIN BOOKS LTD
through EYA(Eric Yang Agency).

이 책의 한국어판 저작권은 EYA(Eric Yang Agency)를 통한
PENGUIN BOOKS LTD와의 독점 계약으로 (주)윌북이 소유합니다.
저작권법에 의하여 한국 내에서 보호를 받는 저작물이므로
무단 전재 및 복제를 금합니다.

닥터 K의 이상한 해부학 실험실 ①

애덤 케이 쓰고, 헨리 파커 그림
박아람 옮김 | 남궁인 감수

추천의 말

어린 시절 자연스럽게 몸에 관심이 많았다. 나는 왜 태어났을까? 나는 어떻게 숨 쉬고 보고 듣고 느끼고 먹고 싸고 말하고 있는 것일까? 그 시절에는 '나'라는 존재 자체가 가장 흥미로운 탐구 대상이었다. 하지만 끝없이 말꼬리를 붙잡고 이어지는 아들의 질문에 엄마는 항상 두리뭉실하게 답했다. 어찌되었건 밥을 먹으면 양치를 잘 해야 하고 초콜릿은 건강에 안 좋다고.

대신 엄마는 삽화가 많은 어린이 의학 도서를 한 권 사 주었다. 푸근한 인상의 선생님과 두 명의 어린이가 몸에 대해 수업하는 내용이었다. 인자한 외모와는 달리 선생님은 몸에 대해 설명하는 데 거침이 없었다. 엄마나 학교 선생님처럼 호기심 가는 부분을 피해 가지 않으면서도 늘 유쾌했다. 궁금증을 긁어 주는 것 같았다. 내가 1분에 몇 번이나 숨을 쉬고 몇 번이나 심장이 뛰는지 재 보면서 몸 안에 숨겨진 장기를 상상하며 읽었다. 엄마가 사준 책이었지만 왠지 특정 부분은 반복해서 읽으면 혼날 것 같아 이불을 뒤집어쓰고 몰래 보기도 했다. 그 책은 유년기에 가장 많이 읽었던 책 중에 하나였다. 내 존재를 이해하게 되는 과정이자 가장 재미있는 놀이였고, 모든 것이 궁금한 시절 내 몸은 하나의 우주이자 신세계였다.

여기 또 다른 의학 도서가 있다. 『닥터 K의 이상한 해부학 실험실』은 의사가 쓴 책답게 엄정한 의학적 사실을 기반으로 몸에 대해 기술하고 코미디언이 쓴 책답게 시종일관 재기발랄하다. 저자인 애덤 케이는 바로 의사이자 코미디언이다. 체계적으로 몸의 어느 한 부분도 놓치지 않으면서 어렵게 느껴질 개념은 고유한 유머로 풀어낸다. 무엇보다 언제 좌충우돌의 유머가 튀어나올까 몰라 기대하게 된다. 완벽한 의학을 바탕으로 하고 있지만 아이들의 눈높이에 맞는 글은 저자의 역량을 바탕으로 탄생했을 것이다. 미래의 진료실 후배들이 부모님 몰래 이불 속에서 책을 펴놓고 키득거리거나 상상의 나래를 펼치는 모습을 내내 생각했다. 이 책은 부모 대신 몸에 대해 정확히 답하면서도 아이들에게 하나의 우주를 안내할 수 있는 책이다.

남궁인(응급의학과 전문의)

1991년에 "선생님한테 냄새 나요!"라고 했다는 이유로
나머지 공부를 시킨 앤드루 과학 선생님께 이 책을 바칩니다.

그런데 솔직히 냄새가 났답니다.
틀림없이 지금도 날 텐데,
이제 이 책에 실렸으니 세상 사람들이 다 알게 됐네요.

차례 들어가며 … 11

①장 | **피부** … 25
②장 | **심장** … 53
③장 | **혈액** … 75
④장 | **폐** … 97
⑤장 | **뇌** … 121
⑥장 | **털과 손톱, 발톱** … 151
⑦장 | **눈과 귀와 입과 코** … 169

부록 … 211
용어 해설 … 212
찾아보기 … 218

들어가며

∙ ∙ ∙

우리 몸은 어떻게 작동할까? 혹시 생각해 본 적 있니? 물론 모서리에 발가락을 찧거나, 귓병이 나거나, 아니면 장염에 걸려서 장뿐만 아니라 폐와 뇌까지 모조리 똥으로 나올 만큼 화장실을 들락거리게 되면 어쩔 수 없이 생각해 보겠지만…… 우리 몸이 실제로 어떻게 돌아가는지 알고 있니?

혹시 우리 몸은 그저 이상한 고깃덩어리가 아닐까? 피부가 마치 커다란 비닐봉지처럼 뼈를 감싸고 있고, 머릿속에 들어 있는 미치광이 슈퍼컴퓨터가 이 모든 것을 조종하고 있는 건 아닐까? 혹시 그렇게 생각해 본 적 없니? 너무 징그럽게 얘기했나? 놀랐다면 미안. 그러니까 내 말은, 네 몸이 이상하다는 거야. 기분 나쁘게 듣지 마. 누구나 마찬가지니까. 네 몸도 이상하고, 내

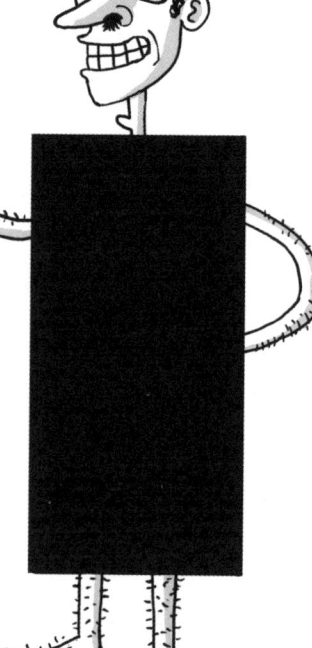

수학 선생님 몸

너무 이상해서 그냥 가려놓기로 했어.

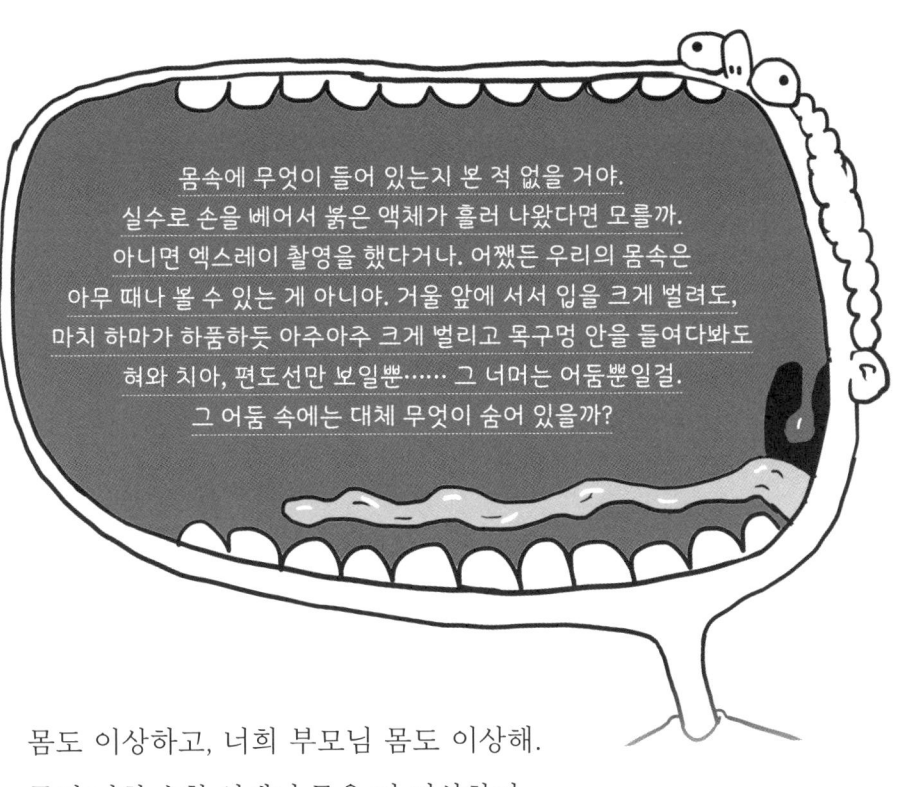

몸속에 무엇이 들어 있는지 본 적 없을 거야.
실수로 손을 베어서 붉은 액체가 흘러 나왔다면 모를까.
아니면 엑스레이 촬영을 했다거나. 어쨌든 우리의 몸속은
아무 때나 볼 수 있는 게 아니야. 거울 앞에 서서 입을 크게 벌려도,
마치 하마가 하품하듯 아주아주 크게 벌리고 목구멍 안을 들여다봐도
혀와 치아, 편도선만 보일뿐…… 그 너머는 어둠뿐일걸.
그 어둠 속에는 대체 무엇이 숨어 있을까?

몸도 이상하고, 너희 부모님 몸도 이상해.
특히 너희 수학 선생님 몸은 더 이상하지.

학교에서 몸에 대해 이것저것 배우긴 하겠지. 불편한 나무 의자에 앉아 칠판만 보면서 공부하면 금세 싫증나고 따분해지잖아. 조금 따분하긴 해도 선생님이 들려 주는 이야기는 재미있을지도 몰라.(그래도 수학은 재미없음. 캥거루가 나비넥타이를 매고 엉덩이를 흔들면서 분수를 가르쳐 줘도 따분할걸.) 인간의 몸, 즉 인체는 온갖 놀라운 과학적 신비를 담고 있어. 정확한 날짜는 알 수 없지만 700만 년 동안 완성된 신기한 장치지. 우주 정거장보다도 더 정교하고, 세상에서 가장 빠른 슈퍼컴퓨터보다도 더 똑똑하다니까. 농담 아니야. 인간의 두뇌는 1초에 4000억 개의 정보를 처리할 수 있어. 4000억이 얼마나 되냐고? 글쎄, 4000억까지

세려면 1만 2000년쯤 걸릴걸.(설마 진짜 세어 보려는 건 아니지? 그러면 저녁도 못 먹을 거야.)

그래, 나도 알아. 새 장난감이 생겨도 설명서는 죽어도 읽기 싫다는 거. 그냥 무작정 갖고 놀고 싶겠지. 하지만 벌써 네 몸과 함께한 지 몇 년이 지났는데 몸이 어떤 기능을 하는지는 절반도 모르지 않니? 이제는 설명서를 한번 펼쳐 봐야 하지 않을까?

지금부터 내가 너와 함께 네 몸 안팎을 둘러보며 여러 기관들을 하나씩 살펴볼 거야. '네 몸 안팎을 둘러본다'고 해서 너무 겁먹지 않아도 돼. 너를 기계에 넣고 작게 만들어서 방수복을 입히고 장화를 신긴 다음 몸속으로 직접 데려가 보려는 건 아니니까. 몸을 작게 만들어 주는 기계가 있는지도 모르겠다. 게다가 직접 들어가서 보면 온몸이 똥으로 범벅이 될걸. 물론 이 책에도 똥이 나오긴 해. 똥을 어떻게 빼겠니? 인간은 누구나 똥을 누잖아. 너희 수학 선생님도 그렇다니까. 설마 지금 수학 선생님이 똥 누는 모습을 상상한 건 아니겠지? 그런데 네 똥의 반의반쯤은 '살아 있다'는 거 알고 있니? 걱정 마. 똥들이 갑자기 너를 공격하는 일은 없을 거야. 똥이 살아 있다는 건 그 안에 박테리아(세균)가 살고 있다는 말이야. 얼마나 살고 있냐고? 글쎄, 몇 조 마리는 살고 있을걸. 네가 똥을 눌 때마다 따라 나오는 박테리아의 수가 모든 인터넷 웹 페이지를 다 합친 것보다도 많다는 뜻이야.

지금부터 함께 우리 몸의 신기하고 놀라운 비밀을 모두 파헤쳐 보자. 그래, 우리 몸은 정말 놀라운 비밀을 갖고 있다니까.

예를 들어 우리의 뇌는 고통을 느끼지 못해. 커다란 막대기로 뇌를 마구 쑤셔도 전혀 아프지 않지.(그렇다고 진짜 쑤셔 보는 건 아니겠지?)

우리 심장은 어떨까? 심장은 분홍색도 아니고 하트 모양도 아니야. 이 사실을 밸런타인데이 카드 만드는 사람들한테 누가 알려 주면 좋겠다. 심장은 우리 몸에 피를 돌게 하는데, 매일 심장이 내보내는 피를 모두 합치면 욕조 90개를 가득 채울 수 있어.(좀 오싹하지?) 폐는 어떨까? 폐가 하루에 내보내는 공기를 모두 합치면 풍선 1000개를 불 수 있어. 아무리 생일 파티라고 해도 풍선을 1000개나 매다는 사람은 없겠지? "생일 축하합니다, 생일 축하합니다!" 노래도 불러야 하니까 풍선 부는 데 힘을 다 빼지 말고 조금 아껴 두자고.

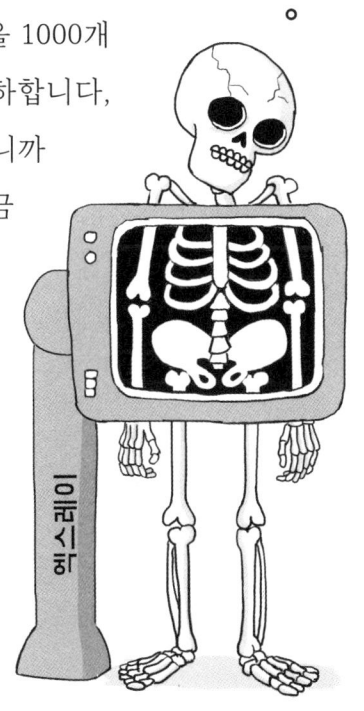

앞으로 우리는 마치 관광지를 여행하듯 우리 몸에서 중요한 기관들을 모두 둘러볼 거야. 그중 하나는 피부야. 우리 몸에서 가장 큰 기관인 피부가 없다면 우리는 아주 징그러운 모습이 될 거야. 그런데 그거 아니? 사실, 우리 몸 가장 바깥 부

분을 이루는 건 피부가 아니야. 네가 어디를 가든 늘 보이지 않는 구름이 너를 에워싸고 있거든. '구름이라니! 귀엽다!' 이렇게 생각한다면 틀렸어. 절대 귀여운 구름이 아니거든. 네 몸에서 떨어진 작은 피부 조각들로 이뤄진 구름이니까. 네가 말하거나 하품할 때, 혹은 트림할 때, 아니면 방귀를 뀔 때 다양한 기관에서 떨어져 나온 세포도 섞여 있지. 소름끼친다고? 아직 멀었어. 네 속눈썹에 살고 있는 이상한 생명체 얘기도 해줄게. 그 녀석들이 저녁으로 무얼 먹는지 알면 더 소름끼칠걸.

내가 지어낸 이야기 같니? 나는 오랫동안 의사로 일했어. 이제는 글을 쓰며 작가로 살고 있지만 인간의 몸이 어떻게 작동하는지 다 까먹지는 않았다고. 혹시 까먹고 헛소리를 지껄인다면 좀 창피하긴 하겠지. 그래도 네가 시험에서 빵점을 받기 전까지는 이 책이 헛소리인지 아닌지 누가 알겠니? 그러니까 어쩔 수 없어. 그냥 내 말을 믿는 수밖에…….

이 책은 평소에 네 몸에 대해 궁금했던 점들을 모조리 알려줄 거야. 가끔 선생님이나 부모님께 뭘 물어봤는데 갑자기 딴 얘기를 하실 때가 있지 않니?(틀림없이 몰라서 그랬을걸.) 그런 것들도 전부 시원하게 알려 줄게. 예를 들면……

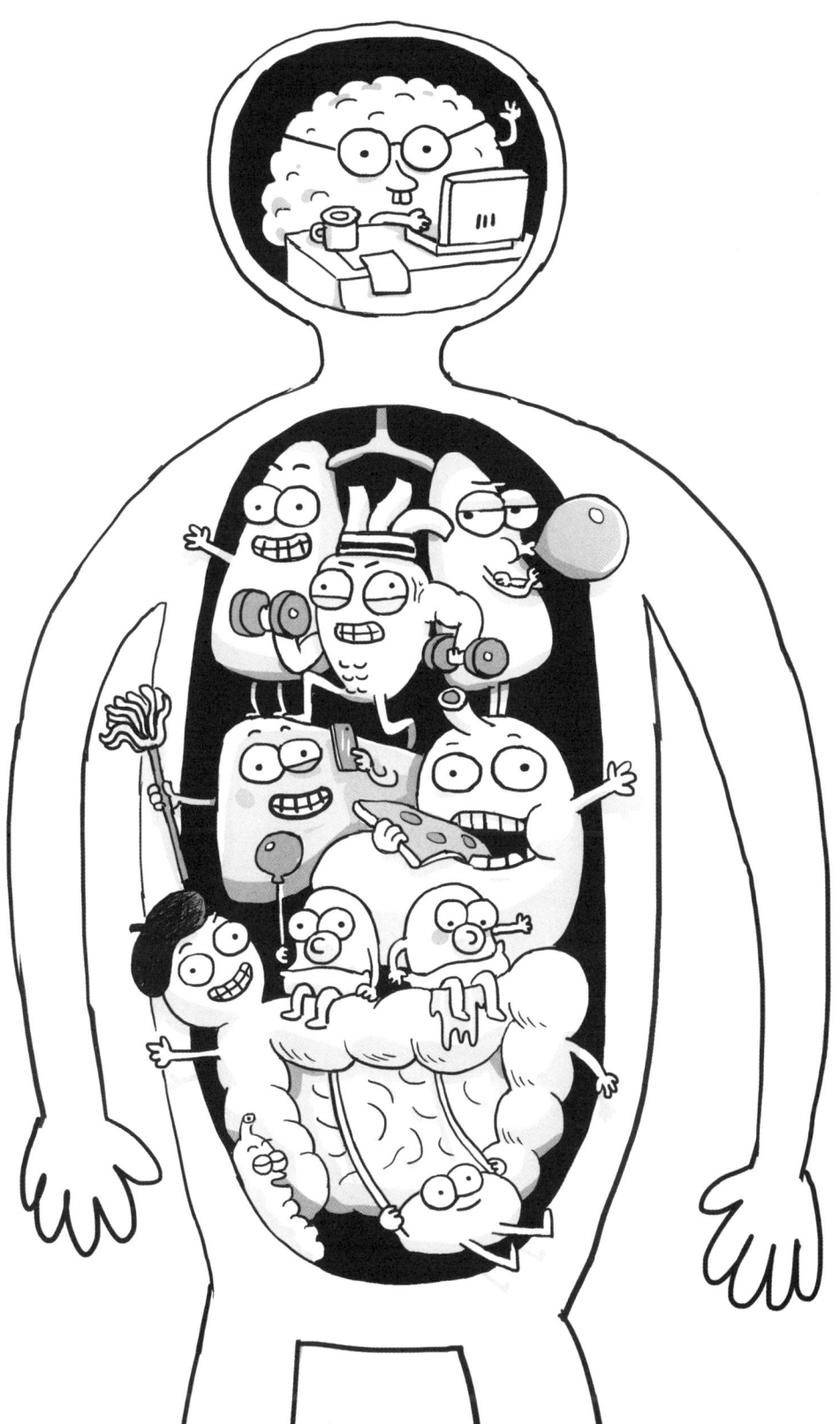

우리 몸에서 가장 큰 근육은? 대둔근. 영어로는 '글루티어스 막스무스gluteus maximus'. 꼭 로마 황제 이름 같지? 대둔근은 의사들이 엉덩이를 고상하게 부르는 전문 용어야. 의사들은 원래 인체의 모든 부분을 고상한 이름으로 부르거든. 의사가 자꾸 "엉덩이, 엉덩이"라고 말하면 좀 그렇잖아.

들어가며

코딱지를 먹어도 안전할까? 코가 힘들게 간식을 만들어 줬다면 영양가를 따져 보는 일은 네가 직접 해야 하지 않겠어?(정답은? 안전해. 맛있게 먹으렴!)

평생 변기에 앉아서 보내는 시간은 얼마나 될까? 약 1년. 그러니까 화장실에 들어갈 때는 좋은 책 한 권을 가져가렴.(이 책을 추천함.) 이 밖에도 수많은 궁금증을 해결해 준다니까.

가끔 몸이 제대로 작동하지 않는 건 왜 그럴까? 혹시 스마트폰 앱 하나를 업데이트하려고 했는데 핸드폰 전체가 이상해진 적이 있지 않니? 우리 몸도 복잡한 기계 장치와 같아서 가끔 고장이 나기도 해. 그러니까 너와 친구들 가운데 이미 뇌전증이나 당뇨, 천식 같은 질병을 앓고 있는 사람이 있을지도 몰라. 그런 일이 왜 일어나고, 병이 생겼을 때는 어떻게 대처해야 하는지 자세히 설명해 줄게. 학교에 가지 못할 만큼 심각한 병은 아니지만 흔하게 찾아오는 질병들도 살펴볼 거야. 감기나 멍, 뾰루지 같은 것 말이야. 간단히 말하면 '왜 나한테 이런 일이 일어날까?' 하고 궁금하게 여겼던 점들을 모두 알려 줄게.

아울러, 네 몸이 어른이 될 준비를 할 때 일어나는 변화도 몇 가지 살펴보려고 해. 넥타이 매고, 커피 마시고, 사람들한테 소리 지른다고 어른이 되는 건 아니거든. 사춘기가 되면 마치 몸을 위아래로 쭉쭉 늘여 놓기라도 한 듯 새로운 사람으로 변신할 거야.

그런 변신이 어떻게 일어나는지, 그리고 변신이 일어날 때 어떤 느낌이 드는지 자세히 알려 줄게.

우리 몸이 싫어하는 습관도 살펴볼 거야. 술과 담배, 마약을 하거나 건강에 해로운 식습관을 갖고 있거나 잠을 충분히 자지 않거나 운동을 충분히 하지 않으면 우리 몸이 싫어하거든. 혼내려는 게 아니야. 일주일 동안 핸드폰을 압수하려는 것도 아니고. 그냥 있는 그대로 알려 줄게. 어차피 네 몸의 주인은 너잖아. 네 몸은 네 마음대로 다뤄야지.(그렇다고 속옷만 입고 스노보드를 타러 가는 건 좀 그렇겠지?)

네 몸에 대해 꼭 알아야 할 것들을 배울 준비가 됐니? 신기하고 놀랍지만 식사 시간에 얘기하기엔 민망한 상식들을 알고 싶다면 이 책을 끝까지 읽으렴. 자, 어서 자리에 앉아 봐. 네 몸 주변에 떠다니는 죽은 피부와 똥가루로 이뤄진 오싹한 구름이 가라앉을 때까지 잠깐 기다렸다가 견학을 시작하자. 어서 와! 이제 시작한다.

닥터 K의 이상한 해부학 실험실

우리 몸은 여러 기관으로 이뤄져 있어. 몸속에 있는 기관을 장기라고 부르기도 해.

1장 · 피부

피부가 있어서 얼마나 다행인지 몰라. 한번 상상해 봐. 만약 네가 피부도 없이 돌아다닌다면 어떤 모습일까? 뼈에 붙은 살은 덜렁거리고 내장들이 바닥에 질질 끌리겠지? 으악, 그만해야겠다. 상상하니까 토할 것 같잖아. 우리 피부는 그저 몸에 꼭 맞는 한 벌짜리 옷처럼 보이지만 사실은 아주 복잡한 기관이야. 피부의 무게는 얼마나 될까? 무게가 전혀 안 나갈 것 같다고? 만약 네 피부가 몸에서 분리되는 불행한 일이 일어난다면 목욕탕 저울 위에 한번 올려 봐. (키에 따라서) 4~8킬로그램쯤 나갈 거야. 볼링공보다 더 무겁다니까.

우리 몸의 모든 것은 세포로 이뤄져 있는데, 피부도 마찬가지야. 350억 개의 세포로 이뤄져 있지. 350억이 얼마나 큰 숫자냐고? 햄스터 350억 마리를 한 줄로 세우면 태양을 한 바퀴 감쌀

> 우리 피부는 몇 주에 한 번씩 완전히 새 것으로 바뀐단다. 한 달에 한 번 새 옷을 사 입는 셈이라니까. 디자인을 직접 고르거나 장식을 달 수는 없지만. 네가 평생 벗어던지는 피부를 모두 합치면 손수레 하나가 (징그럽게) 가득 찰 거야.

수 있을걸.(설마 진짜 해 보려는 건 아니겠지? 햄스터들이 얼마나 뜨겁겠니?)

피부 두께는 신체 부위에 따라 달라져. 피부가 가장 두꺼운 부위는 발바닥이야. 발바닥 피부가 얇다면 낡은 양말처럼 구멍이 숭숭 뚫리겠지? 피부가 가장 얇은 곳은? 눈꺼풀이야. 눈꺼풀 피부가 두껍다면 매일 아침마다 손으로 눈꺼풀을 들어 올려야 눈을 뜰 수 있을 테니까. 게다가 눈을 깜빡일 때마다 쩝쩝거리는 소리가 나지 않을까?

피부 세포는 우리 몸의 다른 세포에 비해 더 빨리 바뀐단다. 하루에도 새로운 세포가 수백만 개씩 만들어지거든. 하루 종일 게임만 하다가 부모님께 게을러 터졌다는 꾸지람을 들은 적 있니? 앞으로는 부지런히 피부 세포를 만들고 있었다고 설명해 드리렴.

그럼 오래된 피부는 어떻게 될까? 새로운 피부가 계속 만들어지면 몸집이 자꾸 커져서 결국엔 현관문도 통과할 수 없게 되지 않냐고? 잘 들어!(놀라서 기절할지도 모르니까 자리에 앉아서 들으렴.) 오래된 피부는 벗겨진단다. 그렇다고 뱀처럼 허물을 벗는 건 아니야. 인간의 피부는 한 번에 벗겨지지 않고 조금씩 꾸준히 벗겨지거든. 그렇다면 침대를 자주 청소해야겠지? 혹시 청소 좀 하라고 해도 안 하고 버티고 있니? 침대에 죽은 피부 먼지가 잔뜩 쌓였을 텐데. 이제 그만 청소기 돌리는 게 어때? 어차피 그 모든 먼지의 주요 범인은 바로…… 너니까.

이런. 방금 피부 세포 몇 천 개가 떨어져 나갔어. 어라, 몇 천 개가 또 떨어졌네. 몸에서 떨어져 나가는 세포를 눈으로 볼 수 있다면 마치 오싹한 눈이 내리는 것처럼 보일 거야.

더러운 얘기는 잠깐 제쳐두고 내 강아지 피핀 얘기 조금만 할게. 피핀은 한 살짜리 암컷 에어데일테리어이고, 취미는 산책하기, 고인 물 마시기, 소파에 토하기야.

혹시 너도 반려동물 키우니? 몇 마리나? 에이, 아닐걸. 네 반려동물은 수백만, 수억만 마리라니까……. 네 피부를 뒤덮고 있는 녀석들이 있잖아. 미안, 다시 더러운 얘기로 돌아와 버렸네.

바이러스와 박테리아, 여러 가지 곰팡이와 아주 작은 벌레들이 네 피부 위에서 서로 어깨를 밀치고 있

어.(진짜 어깨를 가진 건 아니지만 그만큼 북적거린다는 얘기야.) 걱정하지 마. 모두 태평하게 일상을 보내면서 네 피부를 안전하고 건강하게 지켜 주고 있으니까. 이 말은 곧, 네가 매일 한시도 빠짐없이 미생물과 죽은 피부의 구름에 에워싸여 있다는 뜻이지. 아차차, 방귀 입자도 그 안에 섞여 있을 거야. 방귀 입자니까 똥가루라고 불러야 하나? 네가 친구나 부모님을 껴안는다면 네 방귀가 섞인 피부 세포 구름으로 상대를 에워싸는 셈이란다. 우하하하! 하지만 반대로 친구나 부모님이 너를 껴안으면 그들의 똥가루가 섞인 피부 세포 구름이 너를 에워싸는 셈이겠지? 우웩.

피부의 여러 층

로봇 도우미는 온몸이 한 겹의 금속판으로 뒤덮여 있지만 네 피부는 말라 버린 케이크처럼 여러 겹으로 이뤄져 있어.(어머, 넌 아직 로봇 도우미가 없니? 안됐다. 내 로봇 도우미는 지금 나를 위해 초콜릿 밀크셰이크를 만들고 있거든.)

표피: 표피는 눈으로 볼 수도 있고 손으로 만질 수도 있는 피부의 가장 바깥층이야. 국수 면을 물에 오래 넣으면 퉁퉁 불어서 더 굵어지고 잘 끊어지는데, 우리는 왜 수영장에 가도 퉁퉁 불지 않을까? 바로 표피가 피부 속으로 물이 들어가지 못하게 막아 주기 때문이지. 피부색을 결정하는 것도 표피야. 표피에는 멜라닌이 들어 있거든.

피부는 멜라닌이 많을수록 어두워지고 적을수록 밝아져. 주근깨도 표피에 있어. 주근깨는 멜라닌으로 이뤄진 작은 반점으로, 해롭지 않고 개성을 살려 준단다. 게다가 심심할 때는 주근깨로 점 잇기 놀이를 할 수도 있잖아.

밀크셰이크 한 마리 나왔습니다.

진피: 표피 아래의 진피에서는 많은 일이 일어나고 있어. 수

1장·피부

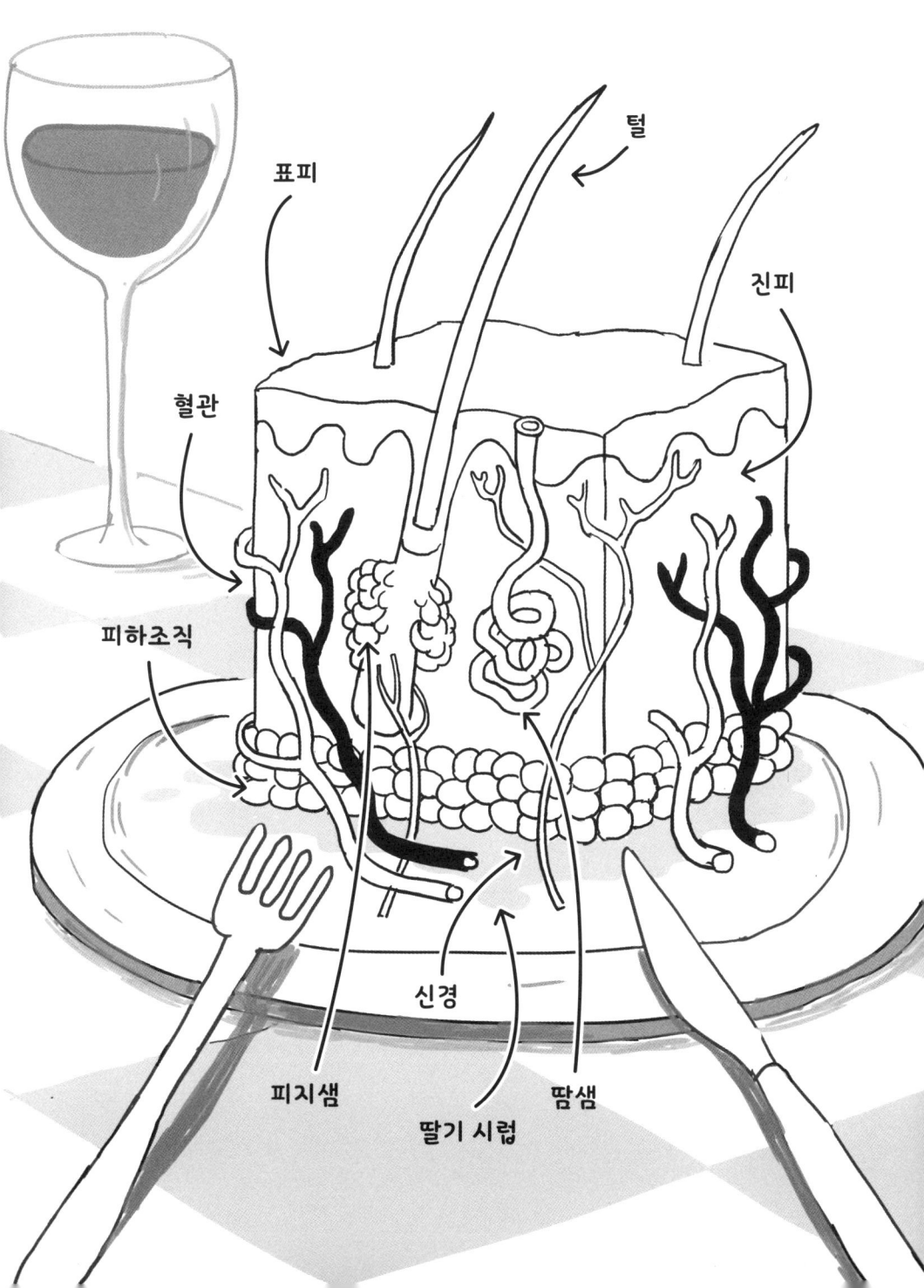

많은 혈관과 신경뿐 아니라 피부가 너무 건조해지지 않게 보호해 주는 피지샘과 땀샘도 있거든. 진피는 피부에서 가장 튼튼한 층이야. 피부가 마치 랩처럼 찢어지는 것을 막아 주지. 손가락의 지문이 새겨져 있는 곳도 진피야. 문신을 새길 때도 진피에 잉크를 넣는단다. 나는 눈꺼풀에 눈 모양의 문신을 새기면 어떨까 생각 중이야. 그러면 지루한 수업 때 졸려서 눈이 감겨도 아무도 모를 테니까.

피하 조직 : 피부에서 가장 깊은 곳에 자리한 층으로, 지방이 여기에 있어. 아무리 마른 사람이라도 지방층이 있지. 다행스러운 일이야. 지방층은 우리의 몸을 따뜻하게 해 주고 어딘가에 부딪쳐서 넘어져도 방패가 되어 주거든. 우리 몸 전체를 덮고 있는 거대한 무릎 보호대라고나 할까?

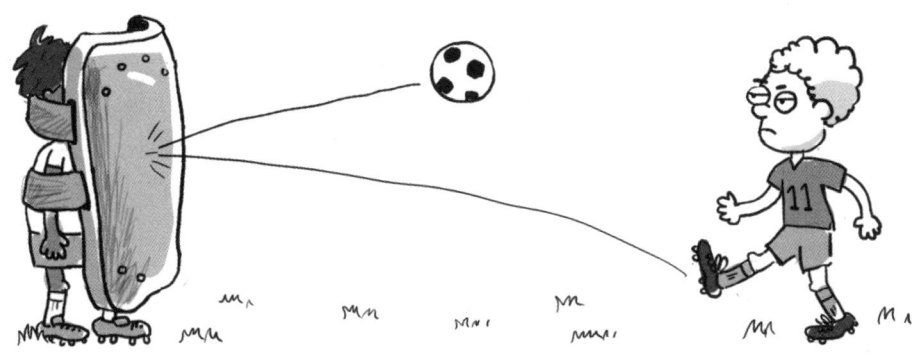

피부의 기능

피부는 걸어 다니는 비닐봉지와도 같아. 몸속에 있는 장기들이 밖으로 나오지 않게 감싸 주잖아. 하지만 그 밖에도 여러 가지 중요한 역할을 한단다. 체온을 조절해 주기도 하고 촉감을 느낄 뿐 아니라 매주 수요일이 되면 초록색으로 바뀌기도 하지.(이 가운데 하나는 100퍼센트 사실이 아닐 수도 있음.)

체온 조절

집에서 에어컨이나 선풍기, 난로를 치워 버려도 우리 피부는 체온을 훈훈한 37도로 유지하려고 안간힘을 써. 재미있지 않니? 37도는 우리의 체온이라고 알려져 있거든. 바깥 날씨가 덥거나 네가 (괴짜라서) 커다란 말 한 마리를 옮기는 등의 힘든 일을 하고 있다면 몸은 스프링클러 장치를 켜서 얼른 온도를 식히려고 노력하지. 뇌가 진피 깊숙한 곳에 있는 땀샘들에게 빨리 움직이라고 지시하면 땀샘은 국수 면처럼 생긴 작은 통로로 땀을 올려 보내. 땀은 땀구멍으로 나오지만 땀구멍은 너무 작아서 눈에 보이지 않을

혹시 피부는 빨간 **피**가 많아서 **피**부라고 부르는 걸까? 그렇지 않아. 여기서 '피'는 가죽 '피皮'자를 써서 '가죽'이라는 뜻이야.

거야. 그러니까 그냥 내 말을 믿으라니까. 하지만 정말이야. 수많은 구멍들이 우리 피부를 뒤덮고 있어. 우리 몸은 거대한 거름망과도 같지.

　날씨가 무덥거나 한바탕 달리기를 하고 나면(예를 들어 로봇 도우미가 고장 나서 갑자기 마구 쫓아오는 바람에 도망치고 나면) 땀으로 엄청난 수분이 빠져나가. 이럴 때는 피부로 빠져나간 수분을 보충하기 위해 반드시 물을 마셔야 해. 그러지 않으면 탈수가 일어날 수도 있어. 탈수가 일어나면 몹시 피곤하거나 두통이 생기고 심하면 기절도 하지. 그러니까 잊지 말고 물을 마시도록. 참고로 피핀은 땅에 고인 더러운 물을 마시기도 해.

우리 몸에서 땀샘이 전혀 없는 부분은 거의 없지만 입술에는 땀샘이 없어. 그래서 온도가 높으면 입술이 건조해지고 갈라지기도 하지. 입술에 왜 땀샘이 없는지는 밝혀지지 않았어. 혹시 땀 냄새 제거제(디오더런트)의 맛이 썩 좋지 않아서일까?

날씨가 추울 때는 어떨까? 우리 피부는 털을 영리하게 이용해. 팔다리의 피부를 덮고 있는 솜털이 벌떡 일어나서 공기를 털과 피부 사이에 가두거든. 그러면 피부 위에 얇은 공기층이 덮여 투명 외투를 입은 것처럼 체온을 유지할 수 있어. 닭살 돋는 느낌 알지? 바로 그거야. 그리고 추운 겨울날 밖에 서 있으면 손가락과 발가락이 가장 먼저 차가워지잖아. 그건 우리 뇌가 피부에 보낼 혈액을 몽땅 자기에게 보내라고 명령하기 때문이야. 피부보다는 뇌에 혈액을 공급하는 게 더 중요하니까. 솔직히 뇌가 조금 이기적이지?

> 원래 땀은 냄새가 나지 않아. 막 땀샘에서 나왔을 때는 냄새가 전혀 없어. 그럼 우리가 아는 그 땀 냄새는 뭐냐고? 피부에 살고 있는 박테리아들이 땀을 음료수처럼 마시면서 나는 거야.

보호

피부는 바깥세상으로부터 우리 몸을 보호해 주는 최전선의 방어막이야. 감염을 막아 주고 열기에 몸이 상하지 않도록 도와줄 뿐 아니라 여러 가지 부상을 예방해 주지. 이렇게 많은 일을 해 주는 피부에게 고맙다고 한 적 있니? 없다고? 그럼 못써. 피부에게 네 몸을 보호해 줘서 고맙다고 인사하렴. 어서. 어서 하라니까. 기다려 줄게.

했어? 좋아, 그럼 다음으로 넘어가자.

촉각

촉각은 아주 중요한 기능이야. 우리 몸이 안전한지, 혹시 위험에 처해 있지는 않은지 뇌에게 알려 주는 역할을 하거든. 축축하거나 뜨겁지 않은지, 차갑거나 아프지 않은지 등을 피부가 점검하는 것을 촉각이라고 해. 이 일을 하기 위해서 피부는 자극에 반응하는 수많은 수용기를 사용하지. 다양한 종류의 수용기로 부드러운 촉감이나 날카로운 촉감, 압력, 떨림, 온도, 통증 따위를 구분한단다. 촉각은 모두 피부가 느끼는 거야. 다른 부분보다 수용기가 훨씬 많은 곳이 있는데 그중 하나가 바로 손끝이야. 종이에 손끝을 베이면 아찔할 만큼 아픈 것도 그런 이유 때문이야. 나도 이 책을 쓰면서 종이에 50번쯤 손끝을 베였거든. 네가 안타깝게 생각해 줬으면 좋겠다. 우리 피부에 있는 신경 말단은 통증을 느끼면 곧장 뇌로 메시지를 보내. 예를 들면 이렇게.

뇌에게.

우리 오른발이 레고 조각을 밟고 있는 느낌이 들어서 편지를 띄웁니다. 신속하게 오른 다리를 들고 입에게 요란한 비명을 지르라고 명령하면 어떨까 싶습니다. 가능하다면 당장 하는 게 좋겠지요.

사랑을 담아, 피부가.

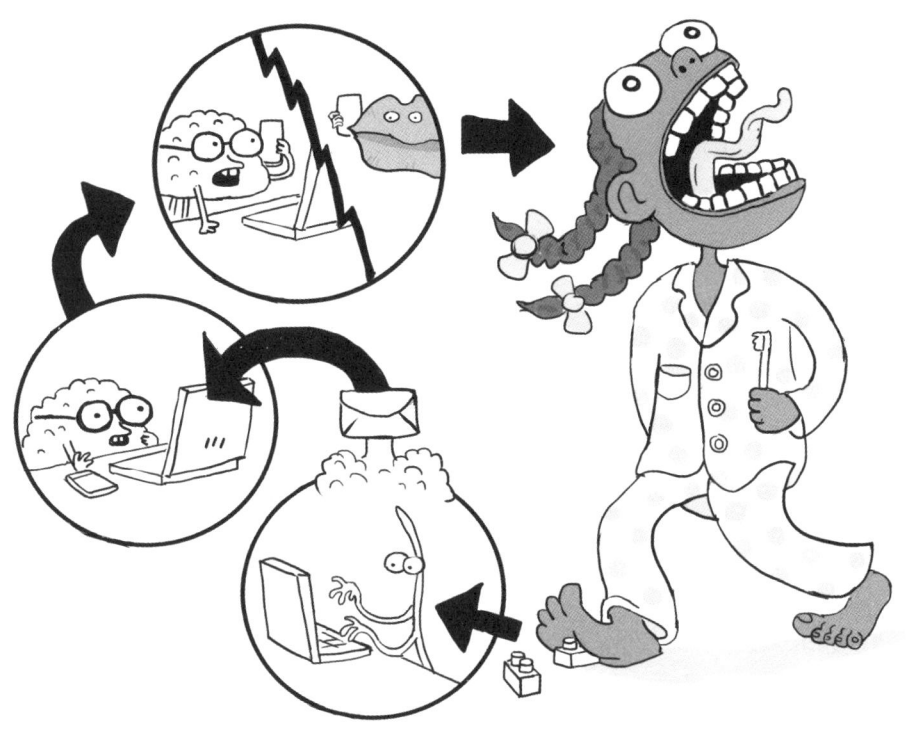

혹과 물집

솜으로 지은 집에서 깃털로 만든 모자를 쓰고 마시멜로로 만든 실내복을 입고 사는 사람이 아니라면 여기저기 베이거나 긁히고 물집이나 멍이 생기기도 할 거야. 피부를 울긋불긋하게 만드는 주요 범인들을 살펴보자.

물집(수포)

물집이 뭔지 알지? 새로 산 신발에 피부가 쓸리거나 슬리퍼를 신고 에베레스트산을 올랐을 때 살이 불룩하게 부풀고 그 안에 물이 차는 성가신 혹 말이야. 피부가 쓸리면 표피가 진피와 분리되고 그 사이에 액체(사실은 혈장)가 고이거든. 물집이 생기면 톡 터트려서 액체가 어디까지 발사되는지 보고 싶겠지만 참는 게 좋아. 물집은 물총이 아니거든.

물집 속에 들어 있는 액체는 나름대로 역할이 있어. 그냥 두면 더 빨리 나을 수 있지. 그리고 피부는 미생물, 즉 세균과 바이러스가 몸속으로 들어오는 것을 막아 주는 역할을 한다고 했잖아. 기억하지? 물집을 뽁뽁이처럼 터트려 버리면 세균이 침투해서 심각한 염증이 생길 수도 있어. 내 친구 닉도 그런 일을 겪었거든. 발에 난 물집을 터트렸다가 징그러운 고름이 가득 차서 병원에 갔다니까.(나한테 사진을 보냈는데 하마터면 토할 뻔 했지 뭐야.) 물집은 가만히 두면 며칠 뒤에 저절로 사라져.

멍(타박상)

벽이 한눈을 팔고 있다가 너와 부딪히면 어떻게 될까? 그야 당연히 네 몸에 멍이 들겠지. 무언가에 부딪히면 피부 속 혈관이 터져서 피가 맺히기도 하거든. 그런데 피부가 찢어지지 않으면 맺힌 피가 밖으로 나올 수 없으니까 피부 속으로 퍼져 나가지. 그럴 때 탄생하는 게 멍이야.

멍은 1~2주 동안 피부 속에 남아서 신호등처럼 차츰 색깔을 바꾼단다. 좀 오싹하지? 처음에는 붉은 색을 띠는데, 당연한 거야. 피가 맺힌 자국이니까. 그러다 하루 이틀 지나면 멍은 다시 몸치장을 시작해. 먼저 혈액 속의 산소가 사라지면서 검푸른 보라색이 되지. 그런 다음 피가 사라지면서 초록빛을 띠었다가 일주일쯤 지나면 점점 옅어져서 마지막에는 노란색이 될 거야. 나이가 들수록 피부 속 혈관이 약해지기 때문에 노인들은 어딘가

에 부딪힐 때마다 더 쉽게 멍이 들지. 그러니까 혹시 할머니께서 스키 점프를 하겠다고 하시면 네가 말리렴.

습진

누구나 가끔씩 피부가 건조해지지만 피부가 항상 건조하고 가려운 질환이 있어. 습진이라는 아주 흔한 질환이지. 팔꿈치 안쪽이나 무릎 뒤쪽에 특히 자주 나타나지만 다른 부위에도 어디에나 나타날 수 있어. 전염병은 아니고(다른 사람에게 옮길 걱정은 없다는 뜻이야) 크림과 연고를 바르면 나을 거야.

화상

뜨거운 물건, 예를 들어 냄비나 다리미, 주전자, 고대기, 뜨거운 음료, 혹은 화산 따위가 근처에 있다면 아주 조심해야 해. 이렇게 뜨거운 물건에 데어서 생기는 상처를 화상이라고 하지. 화상 가운데 가장 흔한 1도 화상을 입으면 피부가 붉게 변하지만 표피만 손상되기 때문에 금방 나을 거야. 진피까지 좀 더 깊이 손상되면 2도 화상이야. 피부에 수포가 생기고 가끔은 흉터가 남기도 하지. 가장 심각한 화상은 3도 화상으로 피하 조직까지 손상된단다. 3도 화상을 입으면 반드시 병원에 가야 하고 수술을 받아야 할 수도 있어. 대개는 흉터가 남지. 혹시 화상을 입게 되면 어른에게 도움을 청한 뒤 덴 부위에 20분쯤 찬물을 흘려보내렴.(알아. 20분은 엄청나게 긴 시간이고 넌 할 일이 많다는 거. 그래도 꼭 해야 해.) 필요하다면 병원에 가서 진료를 받고 (감염의 위험을 낮추기 위해서) 화상 부위를 샌드위치처럼 랩으로 감싸도 좋아.

흉터

너는 지금까지 살면서 몸에 흉터가 몇 개나 생겼어? 네 장기들을 담고 있는 커다란 피부 봉지 어딘가에는 수술 흉터나 땅바닥에 엎어져서 남은 흉터가 한두 개쯤 있을 거야. 피부는 저절로 치유하는 재생 능력이 뛰어나지만 진피까지 다치면 가끔 흔적이 남기도 하거든. 그건 콜라겐이라는 물질 때문이야. 콜라겐은 마치 시멘트처럼 피부 깊숙이 생긴 상처를 아물게 해 주는 물질이지. 터진 피부를 효과적으로 붙여 주지만 하얀 자국을 남기기도 해. 흉터는 시간이 지나면 사라지는데 가끔 남아 있는 경우도 있어. 나는 여덟 살 때 식판을 들고 있는 학교 급식 선생님과 부딪혀서 이마에 상처가 났는데, 그 흉터가 아직도 남아 있거든.(혹시 선생님이 나 때문에 음식을 흘렸냐고? 걱정 마. 나만 다쳤으니까.) 흉

터가 있으면 새 친구를 사귈 때 이야깃거리로 써먹을 수 있어. 지어낸 이야기를 들려 주면 더 재미있지 않을까? 예를 들면 고양이랑 칼싸움을 했다거나 불난 건물에서 은행 강도를 구하다가 다쳤다고 하는 거지. 앗, 미안. 은행 강도랑 칼싸움을 하고 불난 건물에서 고양이를 구하다가 다쳤다고 해야겠구나. 어쨌든 흉터는 창피한 게 아니야. 그렇다고 일부러 흉터를 만들지는 않겠지? 정말 그럴 필요는 없어…….

햇볕 화상(일광 화상)

태양은 우리 몸에 중요한 역할을 해. 뼈를 튼튼하게 하는 데 필요한 비타민 D를 만들어 주거든. 하지만 아무리 좋은 것도 지나치면 해로운 법.(텔레비전은 빼고.) 태양은 피부에 가장 큰 적이 되기도 해. 햇볕에는 진피를 손상하는 해로운 자외선이 들어 있거든. 자외선은 피부에 주름을 만들고 위험한 피부암의 원인이 되는 변화를 일으키기도 하지. 그러니까 햇볕이 뜨거운 날에는 항상 피부를 가리고 선크림을 듬뿍 발라야 해. 그렇지 않으면 나중에 쪼글쪼글한 건포도에 눈과 코와 입을 그려놓은 모습으로 변할걸. 그렇게 되고 싶진 않겠지?

뾰루지

운이 좋다면 아직 뾰루지를 겪어보지 않았을 거야. 어쩌면 평생 겪지 않을지도 몰라. 하지만 많은 사람들에게 뾰루지는 삶이 던져 주는 피할 수 없는 시련이란다. 대개는 사춘기 때 처음 겪게 되는데, 이런 뾰루지를 여드름이라고 불러.

　코끝에 커다란 뾰루지가 생기는 이유는 뭘까? 사악한 마법사가 저주를 걸어서? 그건 아닐걸.(그럴지도 모르고.) 뾰루지는 피부의 피지샘이 막혀서 나는 거야. 피지샘은 원래 피부를 촉촉하게 유지해 주는 역할을 하는데, 가끔 심통이 나면 제 역할을 잊고 피지와 죽은 피부 세포들을 잔뜩 만들어 내거든. 이런 것들이 화이트 헤드와 블랙 헤드로 변해서 모낭을 막고 더 나빠지거나 감염이 되면 붉은 여드름으로 변하지.

누구나 여드름이 날 수 있고 그건 지극히 정상적인 일이야.(무척 속상하긴 하지만 그래.) 그래도 뾰루지가 나면 기분이 좋지 않겠지? 특히 못된 친구들이 놀리기라도 하면 더 화가 날 테고. 하지만 뾰루지는 오래 가지 않아. 뾰루지는 금세 사라지고 잊히지만 못된 성격은 평생 간단다.

여드름은 패스트푸드나 인스턴트식품을 많이 먹어서 나는 것도 아니고(그렇다고 오늘 밤에 페퍼로니 피자 49판을 먹어도 괜찮다는 뜻은 아니야), 잘 씻지 않아서 나는 것도 아니야. 여드름의 원인은 피부 속에 있어. 오히려 세수를 너무 자주 하면 더 나빠지기도 하지. 그리고 여드름은 전염되지 않아. 다른 사람에게 옮기거나 다른 사람에게서 옮지 않는다는 뜻이야.

여드름이 나면 세수할 때 순한 비누를 쓰고 평소에 화장을 했다면 잠시 피하는 게 좋아. 머리카락도 청결하게 유지하고 얼굴에 닿지 않도록 조심하면 더 좋겠지. 여드름이 심해서 걱정이거나 여드름 때문에 우울하다면, 혹은 가슴과 등에 뾰루지가 난다면 의사와 상의해 보렴. 치료를 받으면 좋아지는 경우도 있거든.(의사 앞에서 불안해 하거나 창피해 할 필요는 없어. 의사는 여드름이 난 사람을 수백 명쯤 만나 봤을 테니까. 게다가 환자들이 병원에 오지 않고 모두 집에서 치료하려고 한다면 의사들은 일자리를 잃겠지?) 여드름이 항상 불쑥 나타나는 것처럼 언젠가는 불쑥 사라진다는 사실을 잊지 마.

농가진(고름 딱지증)

얼굴에 절대로 나고 싶지 않은 것을 두 가지만 꼽으라면 아마 '딱지'와 '물집'이 아닐까? 농가진은 노란 고름이 들어찬 수포가 생겨 딱지로 변하는 피부 감염증이야. 코와 입 주변에 자주 생기지. 덧나기 쉬우니까 손으로 만지면 안 되고 대개는 항생제로 치료하면 말끔하게 사라져.

탄생점(선천성 모반)

우리가 마치 공장에서 만들어낸 로봇처럼 모두 똑같은 모습을 하고 있다면 인생이 얼마나 따분할까? 슈퍼마켓에서 너희 부모님을 찾기도 어려울걸. 우리는 모두 피부색이 조금씩 다르고 저마다 독특한 피부의 특징을 갖고 있어. 너의 피부는 오직 너만 갖고 있는 특징들이 표시된 지도와도 같아. 수두나 부상, 수술 자국처럼 살면서 더해지는 것도 있지만 태어날 때부터 갖고 있는 것도 있단다. 이것을 선천성 모반이라고 하는데 말이 너무 어렵지? 탄생했을 때부터 있는 거니까 탄생점이라고 부르면 되겠네. 탄생점은 대개 해롭지 않으니까 너만의 개성이라고 생각하면 돼. 붉은 색이나 보라색 점(포도주색 반점)도 있고 연한 갈색 점(밀크 커피 혹은 카페오레 반점. 이름 지은 사람이 심한 갈증에 시달렸나 봐)도 있어. 사람들 대부분 검은색이나 갈색인 작은 점도 여러 개 갖고 있지. 이런 점은 대개 걱정할 필요가 없지만 가끔은 피부암 때문에 점이 생기는 경우도 있어. 그러니까 혹시 점의 모양이나 색이 변하거나 크기가 점점 커지거나 피가 나거나 가렵다면 반드시 어른과 상의하렴.

케이의 쿵쿵증

왜 자기가 간지럼을 태우면 전혀 간지럽지 않을까

이미 간지럼을 태운다는 사실을 알기 때문이지. 우리의 뇌는 예상치 못한 상태에서 무언가가 몸 위를 기어가는 느낌이 들

> 맞춤법이 틀려서 미안. 피핀이 내 노트북에 토했는데 가끔 키보드의 ' '키가 제대로 눌리지 않네. 이런, 또야. 내 말은 ' '키가 이상하다고. 다시, 'ㄱ'키 말이야. 무슨 말인지 알지?

때 반응하도록 설계되었거든.(혹시 거대한 식인 거미가 기어가고 있다면 경계해야 하니까.) 그래서 누군가가 간지럼을 태우면 이상한/즐거운/오싹한(이 중에서 적당히 선택하도록) 느낌이 드는 거야. 하지만 자기 몸을 간지럽히면 우리 뇌는 자기가 간지럼을 태운다는 사실을 이미 알기 때문에 반응하지 않는 거야.

욕조에 오래 있으면 왜 피부가 쪼글쪼글해질까

욕조에 오래오래 몸을 담갔을 때(거품제를 넣는다면 더 좋겠지) 손발이 쪼글쪼글해진 경험이 있지? 과학자들의 설명에 따르면 손이 젖은 상태로 무언가를 집어야 할 때 미끄러지지 않게 하려고 주름이 지는 거라고 해. 자동차 바퀴도 도로에서 미끄러지지 않도록 울퉁불퉁하게 만들잖아. 안타깝지만 이런 주름은 작은 물건을 잡을 때만 도움이 된단다. 밖으로 뛰쳐나가

스파이더맨처럼 벽을 기어오르는 데에는 별 도움이 되지 않을 거야.

옆에서 누가 몸을 긁으면 왜 덩달아 가려워질까

옆 사람이 몸을 긁는 모습을 보면 덩달아 몸이 가렵다고 느낄 거야. 너의 뇌가 옆 사람과 똑같이 벌레의 공격을 받을 수도 있다고 경고하기 때문이지. '가렵다'는 글씨만 봐도 몸이 가려워지는 사람도 있다니까. "가려워, 가려워!"(어때? 정말 가렵니? 너무 심하게 긁지 마. 고운 피부에 상처 날라.)

참일까, 똥일까?

뾰루지는 짜면 더 나빠진다. ☑ 참 ☐ 똥

미안하지만 짜고 싶어 미치겠더라도 절대 뾰루지를 함부로 짜선 안 돼. 감염될 수도 있거든. 피부에 살고 있는 수십 억 마리의 박테리아가 그리로 들어가 피부 속에서 휴가를 만끽할걸. 뾰루지를 짜면 흉터가 남을 수도 있어. 분명 경고했다!

일란성 쌍둥이는 똑같은 지문을 가졌다. ☐ 참 ☑ 똥

일란성 쌍둥이라고 완전히 똑같지는 않을걸. 너의 지문은 오직 너만이 가진 것이고 지구상에 사는 수십 억 명의 사람들 가운데 너와 똑같은 지문을 가진 사람은 한 명도 없어. 지문의 모양은 네가 태어나기도 전에 겪은 수많은 원인들에 따라 결정되거든. 예를 들면 자궁 속에서 누워 있는 자세도 지문의 모양을 결정하는 요인 가운데 하나란다.

**의사들은 상처를 치료하기 위해
구더기를 사용하기도 한다.** ☑ 참 ☐ 똥

오싹하지만 사실이야. 환자의 피부에 죽거나 감염된 세포가 너무 많으면 구더기를 사용해서 그것을 제거하지. 상처 부위에 구더기들을 놓아두면 살을 분해하는 특별한 화학물질을 토해낸 다음 그것을 다시 먹어 치우거든. 그러니까 살 위에 속을 게운 뒤 살뿐 아니라 자신의 토사물까지 먹는 거야. 간단히 말해서 구더기는 의사들에게는 유용하지만 함께 저녁을 먹기는 조금 짜증나는 친구지.

참일까, 똥일까?

**당근을 너무 많이 먹으면
피부가 주황색이 될 수도 있다.**　　　☑ 참　☐ 똥

아주 아주 오랫동안 엄청나게 많은 당근을 먹으면 혈액 속에 베타카로틴이라는 물질이 많아져서 (손바닥 따위의) 피부가 주황색이 되기도 해. 치료법은? 간단해. 당근을 조금 적게 먹으면 되지!

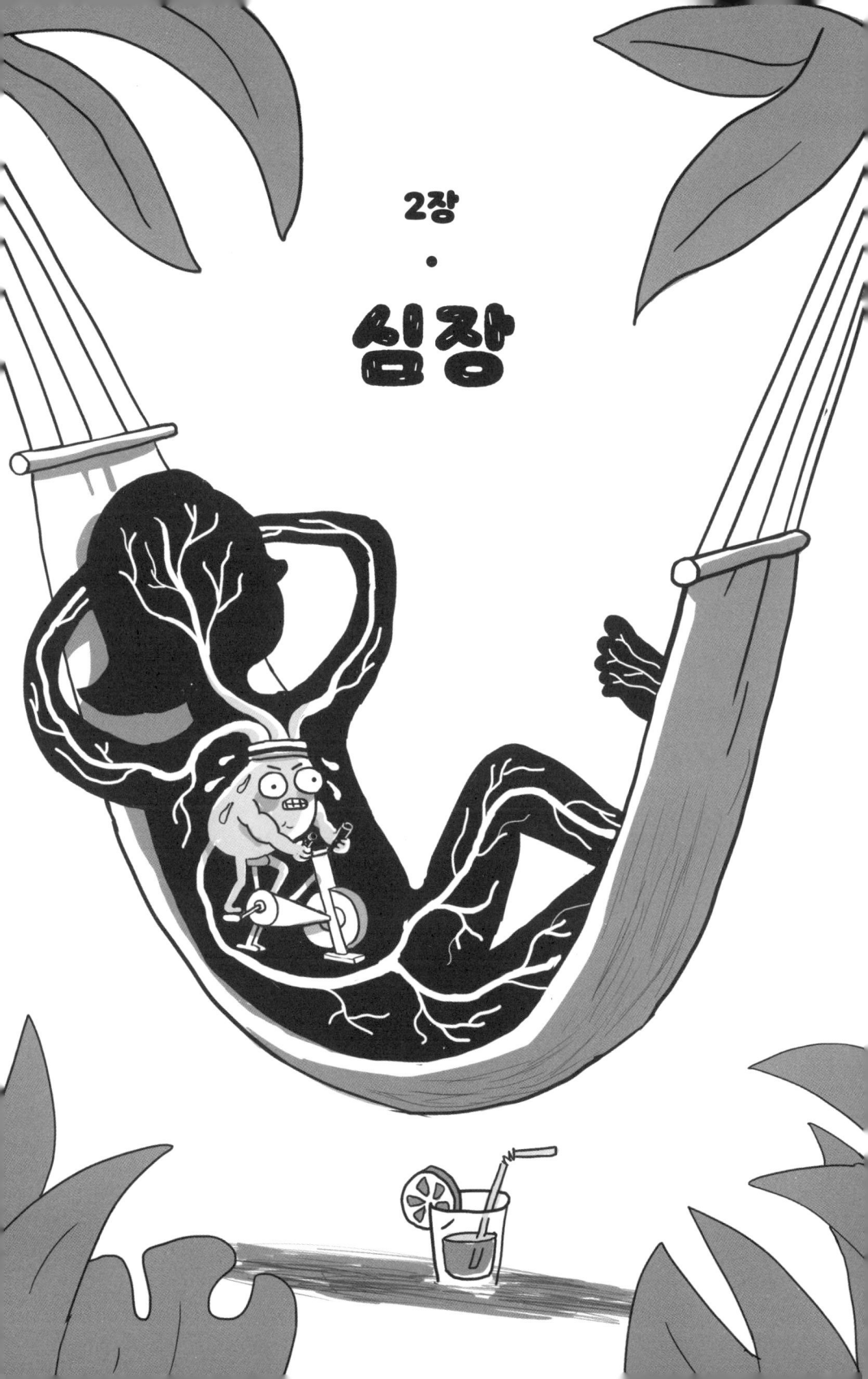

...

가끔 희미하게 북소리가 들린 적 없니? 한참 집 안을 뛰어다녔을 때나 텔레비전을 끄고 방에 아주 조용히 앉아 있을 때 말이야. 무슨 소리일까? 그래, 맞아. 옆집 제인이 악기를 연습하는 소리라니까. 제발 그만 좀 했으면 좋겠네. 도무지 잠을 잘 수가 없다고.

아닌가? 앗, 잘못 들었네. 사실은 내 심장 소리였어. 우리 흉곽 안에 들어 있는 심장은 그리 조용히 일하지 않거든. 뭐, 별거 아니야.

그런데 사실, 별거 아니라고 하기엔 꽤 중요한 녀석이지. 생각해 봐. 자동차에 엔진이 없다면 시동을 걸 수 없잖아. 너도 커다란 과자 한 봉지를 옆에 준비해 놓지 않으면 숙제를 시작할 수 없을 테고.(사실, 두 봉지는 준비해야 마음이 놓이지.) 심장도 그만큼 중요해. 심장이 뛰지 않으면 우리 몸은 아무것도 할 수 없으니까. 주먹만 한 장기 하나가 그렇게 중요한 역할을 하다니 꽤 굉장한 녀석이지.

> 심장은 몸에서 다섯 번째로 큰 기관이야. 네 번째는 폐인데, 심장은 폐에게 밀려서 좀 억울할 거야. 폐는 2개니까. 세 번째로 큰 기관은 영리한 친구, 뇌란다. 두 번째는 커다란 간덩어리, 첫 번째는 요상하게 늘어나는 커다란 봉지. 맞아, 바로 피부야.

심장은 어떻게 작동할까

심장은 근육이야. 맞아. 팔다리에 있는 바로 그 근육 말이야. 하지만 심장은 조금 특별한 근육이야. 팔다리 근육은 우리가 원할 때 움직이지만 심장은 우리의 허락을 받지 않아도 저절로 뛰거든. 다행이지 뭐야. 심장은 잠시도 쉬면 안 되니까. 우리가 자고 있을 때도 심장은 쉴 수 없어. 만약 잠든 사이에 심장이 뛰지 않는다면…… 심각한 문제가 일어나겠지. 몸의 다른 기관이 심장이 하는 일을 대신해 줄 수도 없어. 선생님에게 사정이 생기면 임시 교사가 대신 수업을 하지만 심장의 일은 '임시' 심장이 대신할 수 없단다.(재밌는 이야기 해 줄까? 나는 열네 살까지 '임시 교사'라는 말이 임신한 선생님을 대신하는 '임신 교사'인 줄 알았지 뭐야. 의과 대학에 들어간 게 기적이지.)

심장은 양쪽 폐 사이에 있는데 가슴 한가운데서 조금 더 왼편에 자리한단다. 솔직히 귀여운 ♥ 표시를 만든 사람들은 모두 반성해야 해. 실제로 심장은 얼룩 같은 모양이고 그렇게 사랑스러운 핑크색도 아니거든. 훨씬 더 어두운 붉은색이지. 핏빛이라

고나 할까? 당연한 일이야. 몸속에 있는 혈액이 한 방울도 빠짐없이 모조리 심장을 통과하니까. 그래서 심장이 그렇게 열심히 펌프질을 하는 거야. 혈액을 온몸 구석구석으로 보내기 위해서. 왜 그런지 궁금하지 않니?(정말 궁금하지 않다면 두 쪽쯤 건너뛰어도 좋아.) 몸속에는 게임기가 없으니까 심심해서 그러는 게 아니냐고? 사실은 산소 때문이야. 우리 몸은 혀에서부터 손끝과 엉덩이까지 구석구석 산소가 공급되어야만 살아갈 수 있거든. 이렇게 중요한 산소를 바로 심장이 전달해 주지.(미안, 살짝 거짓말을 했네. 우리 몸에서 딱 한군데, 산소를 운반해 주지 않아도 되는 곳이 있어. 눈의 바깥층을 덮고 있는 각막이야. 각막에도 산소가 공급되어야 하지만 공기에서 바로 얻을 수 있잖아. 뭐, 어디나 혼자 튀고 싶어 하는 친구가 있는 법이지. 안 그래?)

심장은 왼쪽과 오른쪽으로 나뉘어 있고 양쪽 모두 다시 두 공간으로 나뉘어. 그럼 공간이 총 몇 개일까? 맞았어. 1만 6238개. 가만, 내가 계산기를 잘못 눌렀네. 정답은 4개야. 심장은 4개의 공간으로 나뉘어 있고 공간 하나가 집의 방 하나와 같아. 정말 그런 집이 있다면 좀 으스스하겠지? 피가 가득 차 있잖아. 그리고 파리라면 모를까 사람이 들어가 살기에는 좀 비좁을 거야. 그런데 진짜 파리가 네 심장에 사는 건 원치 않겠지? 그러면 꽤 심각한 병이 생길 것 같은데…… 병명은…… 글쎄…… '내심장에 파리증'?

혈액은 먼저 심장의 왼쪽 위 공간(좌심방)으로 들어가는데,

이때는 폐에서 갓 나온 상태라 사랑스러운 산소를 가득 담고 있어. 혈액이 아래쪽 공간(좌심실)으로 내려가면 이 공간은 힘차게 혈액을 쥐어짜서 동맥이라는 관을 통해 온몸으로 퍼져 나가게 하지. 그런데 혹시 이 혈액이 다시 폐로 들어가면 어쩌지? 어떻게 거꾸로 가지 않고 올바른 방향으로 갈 수 있을까?

방법 ❶ 인공위성 위치 추적으로 방향을 알아낸다.
방법 ❷ 길을 잃지 않기 위해 빵 부스러기를 떨어트리며 간다.
방법 ❸ 판막을 사용한다.

만약 방법 1 또는 2라고 답했다면 10분 동안 휴지통에 들어가 앉아 있을 것. 혈액이 올바른 방향으로 갈 수 있는 건 심장에 있는 판막이라는 밸브가 왔던 길로 돌아가는 것을 막아 주기 때문이야. 만약 혈액이 왔던 길을 되돌아가면 사방으로 피가 튀어서 좀 찝찝한 상황이 벌어질 거야.

혈액은 코와 발가락, 입술, 엉덩이까지 모두 돌면서 "안녕!" 하고 인사한 뒤 산소를 건네주고 곧바로 "잘 있어!" 하고 작별 인사를 한단다. 이렇게 산소를 모두 내주고 나면 다시 산소를 모으러 가지. 하지만 돌아갈 때는 동맥을 타고 가지 않아. 우리 몸은 일방통행 시스템을 사용하거든. 어른들이 운전하다가 한쪽 방향으로만 갈 수 있는 도로가 나오면 짜증을 내잖아. 일방통행 시스템이란 이렇게 한쪽 방향으로만 도는 시스템이야. 심장으로 돌

· 혈액의 순환 ·

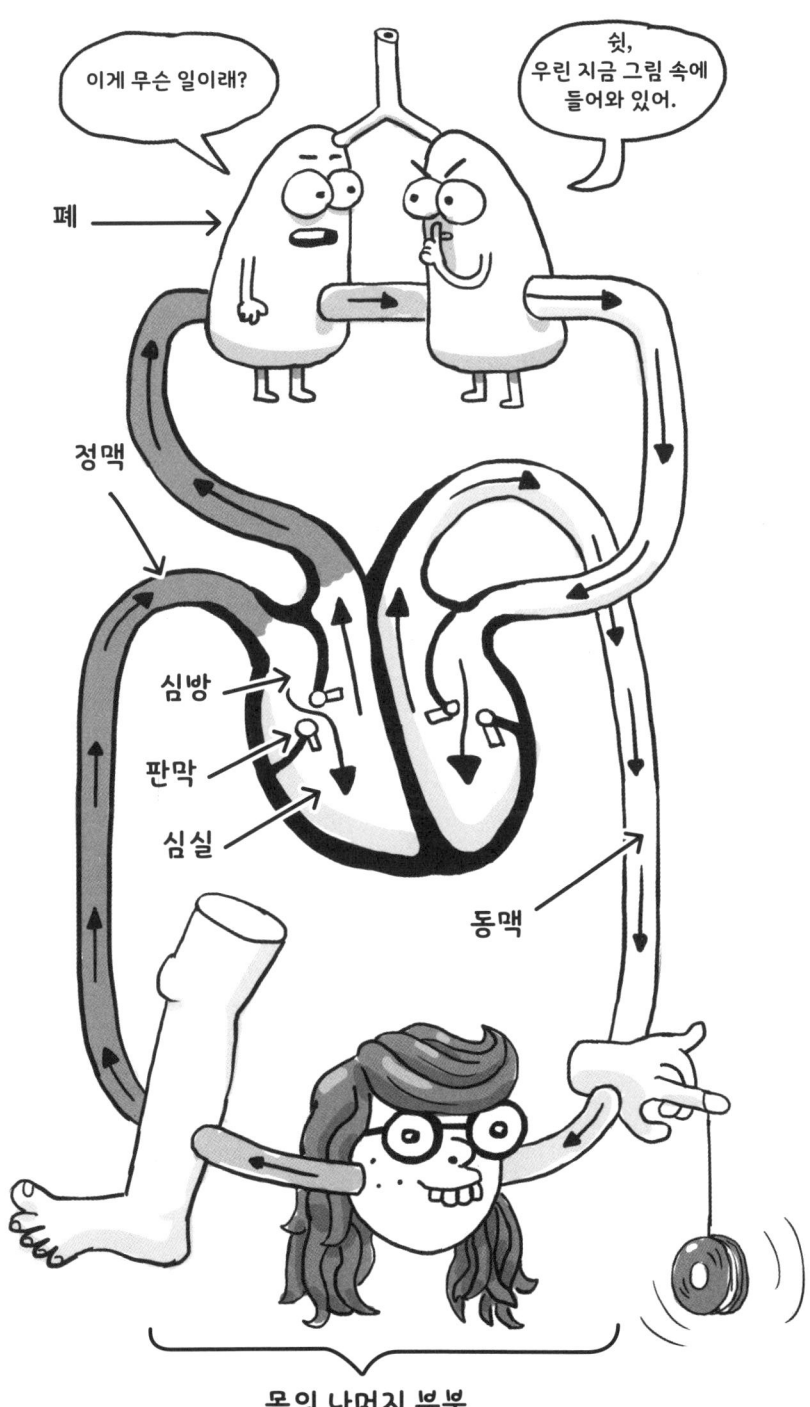

우리 몸속에 있는 동맥과 정맥을 모두 꺼내서 이어 놓으면 온 세상을 세 바퀴쯤 감을 수 있어. 설마 직접 해 보려는 건 아니지? 징그러운 혈관 때문에 온 세상이 엉망이 될 거야. 내가 따라다니면서 치워 줄 수는 없잖아.

아가는 혈액은 정맥이라는 다른 통로를 사용하지. 정맥에서 심장의 오른편 방, 즉 우심방으로 꼬르륵꼬르륵 들어간 혈액이 아래쪽 우심실로 내려가면 우심실은 좌심실보다 좀 더 약하게 혈액을 쥐어짜서 폐로 보낸단다. 폐는 바로 옆집에 있기 때문에 아주 힘차게 쥐어짤 필요가 없거든. 혈액은 달콤한 산소를 가득 머금게 되면 폐에 머물러 있지 않아. 솔직히 누가 따분한 폐에 하루 종일 머물고 싶겠어?(미안, 폐. 기분 나쁘게 듣지 마.)

폐를 떠난 혈액은 심장의 왼쪽으로 다시 들어가지. 이제 혈액은 온몸을 한 바퀴 돌았지만 네가 레이싱 게임을 한 판 끝냈을 때처럼 10분쯤 휴식하면서 우유 한 잔 마실 여유 같은 건 없어. 곧바로 다음 펌프질을 시작해야 하거든. 아이고.

하지만 걱정하지 마. 심장은 이 모든 일을 단번에 처리하거든. 그래서 계속 북소리가 들리는 거야. 앞으로 평생 듣게 되겠지. 심장이 한 번 뛸 때마다 혈액이 튕겨져 나가서 몸속을 한 바퀴 휘익 돌고 들어오니까. **두둥, 두둥, 두둥.** 잠깐만 다녀올게.

"제인, 북 좀 그만 칠래? 나 지금 책을 쓰고 있거든!"

심박 수

그런데 심장은 자기가 얼마나 자주 뛰어야 하는지 어떻게 알까?

좋은 질문이야!(나한테 하는 말이야.)

고마워.(역시 나한테.)

천만에.(나 말이야.)

심장은 전기로 작동해. 다행히 배터리가 닳지는 않는단다. 심장 충전기를 찾으려고 여기저기 뒤질 필요는 없다는 뜻이지. 심장은 콘센트를 꽂아서 전기를 끌어오는 텔레비전이나 진공청소기, 또는 로봇 도우미와도 비슷해.

그러니까 우리 몸이 심장에 얼마나 빠르게 혹은 느리게 뛰어야 하는지 알려 주는 메시지를 보낸다는 뜻이야. 만약 네가 소파에 앉아 〈세상에서 가장 따분한 페인트 색〉이라는 텔레비전 프로그램을 보고 있다면 네 심장은 1분에 80번쯤 뛸 거야(1초에 한 번 조금 넘게 뛰는 셈이지). 하지만 좀 더 활동적인 일을 하려고

마당을 뛰어다니거나 축구를 하거나 고릴라와 팔씨름을 한다면 갑자기 팔다리 근육이 산소를 더 많이 필요로 할 테고, 심장이 산소를 공급하기 위해 더 빨리 뛰기 시작하지. 그러면 심박 수가 올라가는 거야. 참 영리하지?

게다가 고릴라와 꾸준히 팔씨름을 하면 팔 근육이 튼튼해지듯이 심장 근육도 운동을 할수록 튼튼해진단다. 그래서 어른들이 운동을 하라고 들볶는 거지. 이거 하나는 정말 옳은 얘기라니까.(내가 좋은 운동 하나 추천해 줄까? 피핀을 데리고 산책하는 거야. 해 보고 싶지 않니? 제발 해 봐. 피핀이 자기가 토한 걸 다시 주워 먹지 못하게…… 노력은 해 볼게.) 심장은 항상 건강하게 유지해야 해. 왜 그런지는 이제 너도 알겠지? 근육과 피로 이뤄지고 전기로 움직이는 이 징그러운 덩어리는 꽤 중요한 기관이니까.

심장의 무게를 재어 보거나 심장이 얼마나 질척한지 알아보는 일은 너무 위험하겠지? 사방에 마구 피가 튀기도 할 테고.

하지만 심장이 얼마나 빨리 뛰는지는 안전하고도 간단하게 알아볼 수 있어. **맥박을 세어 보면 되거든.** 우리 몸에는 동맥이 피부와 아주 가까이 붙어 있는 부분이 있는데, 이런 곳을 만져 보면 피부 속을 흐르는 혈액을 느낄 수 있어. 혈액이 한 번 쉭 지나갈 때마다 심장이 한 번 뛰는 거지.

맥박을 가장 쉽게 느낄 수 있는 부위는 손목이야. 준비물은 시계(손목시계나 벽시계, 혹은 핸드폰의 타이머를 사용해도 돼)와 손목뿐이야. 물론 맥박도 있다면 좋겠지.

맥박 재기

❶ 왼손을 펼쳐 손바닥이 하늘을 향하게 한다. 하늘에서 초콜릿 같은 게 떨어지면 잡을 수 있게.(혹시 모르잖아…….)

❷ 오른손 집게손가락과 가운뎃손가락(수업 시간에 졸지 않았다면 이 두 손가락이 엄지손가락 옆에 나란히 있는 손가락이라는 건 알겠지?)으로 왼쪽 손바닥이 끝나는 지점의 손목을 누른다. 가운데보다 살짝 왼쪽이야.

❸ 살짝 눌러 보면 맥박이 뛰는 것을 느낄 수 있다. 맥박이 느껴지지 않는다면 손가락의 위치를 조금씩 바꿔 보거나 좀 더 세게 눌러 본다. 그래, 거기야, 거기!

❹ 부모님이나 주변 어른에게 네가 만지고 있는 동맥의 이름을 아느냐고 물어 본다. 모른다고 하면 이렇게 알려 드린다. "노동맥이에요. 혹시 학교 안 다니셨어요?" 진짜 이렇게 말하면 3년 동안 방에 갇힐 수도 있으니 조심할 것.

❺ 시계를 보며 60초 동안 심장이 몇 번 뛰는지 세어 본다. 이러면 끝!

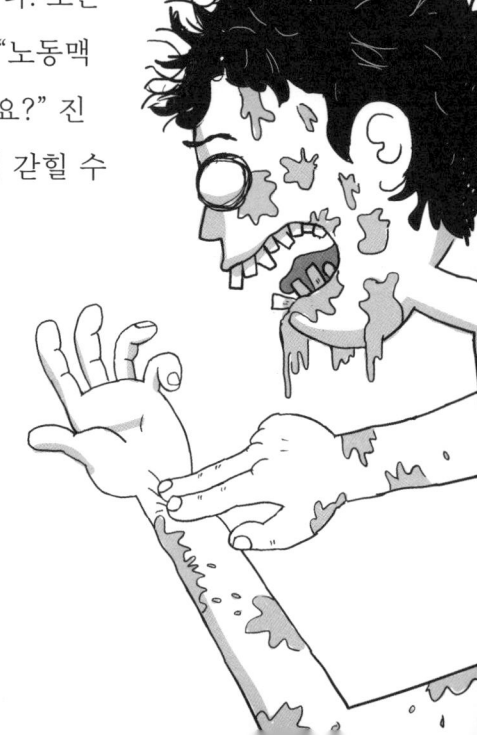

역시 난 좀비가 아니었어. 그냥 안 씻어서 이렇게 된 거야.

맥박을 쟀다면 이제 너는 반쯤 의사가 된 거야. 축하해. 그리고 한바탕 달린 뒤에 다시 맥박을 재어 보렴. 틀림없이 맥박 수가 좀 더 늘어날 거야. 친구나 부모님의 맥박을 재어 봐도 좋지. 혹은 친구의 부모님이나 친구의 부모님의 친구도 좋고. 단, 고양이의 맥박을 재면 곤란해. 고양이가 할퀼지도 모르거든. 솔직히 고양이에게 손목이 있는지도 모르겠다.(어머, 고양이 얘기를 쓰면 안 되는데. 피핀이 삐치거든.)

건강한 심장

심장은 다른 기관보다 특별히 더 신경 써서 지켜야 해. 심장은 하나밖에 없잖아. 아니, 그러니까 한 사람당 하나씩이라고. 반에서 키우는 햄스터처럼 심장 하나를 모두가 함께 돌보는 건 아니지. 어쨌든 운동으로 심장 근육을 튼튼하게 유지하는 것도 중요하지만 심장을 오래오래 뛰게 하는 다른 비법도 가르쳐 줄게.

만약 심장이 말을 할 수 있다면 틀림없이 건강에 좋은 음식을 먹으라고 부탁할 거야. 알아. 브로콜리가 얼마나 맛없는지. 세숫대야만 한 팝콘 한 상자나 너희 집 문짝만 한 초콜릿 하나를 우적우적 먹는다면 훨씬 더 행복하겠지. 그런 음식을 먹더라도 과일과 채소로 균형을 맞춰야 해. 그런데 우리가 무얼 먹든 심장이 무슨 상관이냐고? 음식은 위에서 관리하는 거 아니냐고? 건강에 해롭거나 기름진 음식을 아주 오랫동안 아주 많이 먹으면 어른이 되었을 때 그동안 섭취한 기름이 동맥으로 흘러들어가서 안

쪽을 막기도 하거든. 리코더를 상상해 봐. 입으로 리코더에 바람을 넣으면 반대편으로 공기가 흘러나오면서 소리를 내잖아.(아앗, 시끄러워. 너 연습 좀 해야겠다.) 그런데 누가 리코더 속에 슬라임을 넣으면 어떻게 될까? 리코더를 불 때 힘이 잔뜩 들어갈 뿐 아니라 소리도 더 괴상해지겠지? 동맥에 기름이 쌓여도 마찬가지야. 혈액이 동맥 속으로 술술 흘러가지 못해서 몸 구석구석에 산소가 제대로 전달되지 않겠지.

그러면 문제가 생기는데, 이런 문제를 **심혈관계 질환**이라고 불러. 심혈관계란 심장과 모든 동맥 그리고 정맥을 일컫는 고상한 이름이거든. 의학계에는 이렇게 어려운 이름이 엄청나게 많단다.

심혈관계 질환이 생기면 좋아하는 일을 할 수 없어서 우울해질 거야. 그러니까 운동하는 습관을 들이고 군것질은 가끔씩만 즐기렴. 양배추와 좀 더 친하게 지내고. 담배를 피우거나 술을 지나치게 많이 마셔도 심혈관계 질환에 걸리기 쉽지. 뒤에 나오는 내용을 살짝만 귀띔해 줄까? 바로, 술과 담배가 우리 몸 곳곳을 해친다는 거야.

심장에 구멍이 난다면

인구 300명 가운데 한 명씩은 심장에 구멍이 난 채 태어난단다. 어쩌면 너희 학교에도 그런 친구가 한 명쯤 있을지도 몰라. 심장에 구멍이 난 상태를 어려운 말로는 중격 결손이라고 부르지. 너무 놀랄 필요는 없어. 그렇다고 가슴에 구멍이 뚫려서 수돗물 튼 것처럼 앞에 있는 사람에게 피를 뿜어 대는 건 아니니까. 좌심방과 우심방 사이 또는 좌심실과 우심실 사이에 구멍이 나서 산소가 담긴 혈액과 그렇지 않은 혈액이 뒤섞이는 거야. 다행히 이런 구멍은 대부분 아주 작아서 저절로 없어지지만(우리 몸은 고장 난 부분을 스스로 고치는 놀라운 마법의 기술을 가졌거든) 수술이 필요한 경우도 있어. 심장에 구멍이 있는 친구들은 태어난 지 1년이 되기 전에 수술을 하지. 아기 심장은 딸기만 한 크기라 그 안에 있는 작은 구멍을 메우려면 아주 작은 바늘과 실로 조심스럽게 꿰매야 한단다.

만약 심장이 멎는다면

심장이 뛰지 않으면 아주 위험한 상황이니까 당장 의사를 불러야 해. 심장 충격기라는 기계로 심장이 다시 뛰게 해야 하거든. 텔레비전에서 본 적이 있을 거야. 의사가 쓰러진 환자의 가슴에 패드 2개를 대고 일어서서 "물러나 주세요!" 하는 장면 있잖아. 그러고 나면 환자는 부스스 정신을 차리지. 심장 충격기는 심장에 약간의 전기 충격을 주는 기계야. 심장은 전기로 작동하니까(기억하지?) 이런 방법으로 심장이 다시 뛰게 할 수 있단다.

만약 심장이 멎었는데 심장 충격기가 없다면 시피아르CPR이라는 방법으로 심장을 다시 뛰게 할 수도 있어. CPR은 심폐 소생술이라는 뜻의 영어를 줄인 말이야. 가슴을 압박해서 심장에 자극을 주는 방법이고, 이와 더불어 쓰러진 사람의 입속에 숨결을 불어 넣어야 하지. 네가 너희 학교에 CPR 실습수업을 해 달라고 요청하면 어떨까? 마찰 실험보다 훨씬 더 재미있을 거야. 게다가 배워 두면 나중에 사람을 살릴 수도 있잖아.

이식

이식은 몸의 어떤 기관이 작동하지 않는 사람에게 자신의 기관을 내주는 아주 선량한 행동을 뜻하는 말이야. 신장처럼 2개씩 있는 기관은 하나를 나누어 줄 수 있지. 하지만 심장은 누구나 하나씩만 갖고 있고 심장이 필요 없는 좀비는 실제로 존재하지 않으니까(부디 없기를) 목숨이 끊어진 사람에게만 이식받을 수 있어. 세계 최초의 심장 이식은 1967년에 이뤄졌는데, 요즘에는 2시간에 한 번꼴로 심장 이식이 이뤄진단다.(한 사람이 2시간에 한 번씩 심장을 이식받는다는 뜻이 아니라, 서로 다른 사람들이 심장 이식을 한 번씩 받는 횟수가 2시간에 한 번꼴이라는 뜻이야.)

심장 이식술을 하려면 4시간쯤 걸려. 그러니까 혹시 이런 수술을 직접 하게 된다면 아침을 든든하게 먹어 두는 게 좋겠지.(의과 대학에 다닌 사람이 아니라면 심장 이식술은 직접 하지 않는 편이 좋을 거야. 적어도 유튜브를 통해 어느 정도 방법을 익힌 다음에 시행할 것. 거기에 심장 이식하는 방법이 나와 있을지는 모르겠지만 말이야.)

> 대왕고래의 심장은 네가 들어가서 일어설 수도 있을 만큼 거대하단다. 스노클링 장비를 준비하면 좋겠지? 그런가 하면 심장이 모래알만 한 친구도 있어. 초파리의 일종인데, 이렇게 작은 심장은 1분에 800번도 넘게 뛰어. 혹시 맥박을 직접 재어 보고 싶다면…… 잘해 봐!

심장 마비

우리 몸의 모든 기관이 그렇듯 심장에도 산소가 필요해. 엄청난 양의 혈액이 심장을 통과하고 있지만 심장 근육은 이 혈액에서 산소를 전혀 얻지 못해. 심장 근육에 산소를 공급해 주는 혈관은 따로 있는데, 이 특별한 혈관을 관상 동맥이라고 불러. 관상 동맥은 마치 거미줄처럼 심장을 에워싸고 있어. 관상 동맥이 막혀서 심장에 산소가 충분히 공급되지 않으면 심장 마비가 일어나.

심장 마비가 일어나면 마치 가슴 위에 코끼리가 올라앉아 있는 듯한 통증을 느낄 거야. 턱이나 팔, 복부(배 부분을 일컫는 전문 용어)에 통증을 느끼기도 해. 땀이 나거나 속이 메슥거리거나 숨이 차기도 하지.

    심장 마비는 아주 위험한 응급 상황이니까 혹시 주변에서 누가 심장 마비를 일으키면 당장 119에 전화해서 구급차를 보내 달라고 해야 해!

케이의 쿵쿵중

인공 심장을 만들 수 있을까

그럼! 내가 만들 수 있다는 건 아니야. 난 손재주가 없거든. 변기 위에 선반을 설치하려고 3주 동안 낑낑거렸는데 아직도 완성하지 못했지 뭐야. 하지만 똑똑한 과학자들이 온몸으로 혈액을 보낼 수 있는 플라스틱 인공 심장을 만들었단다. 가격이 고급 승용차 한 대와 맞먹으니까 혹시 어딘가에 떨어져 있다면 밟지 않도록 조심해.

> 피핀의 토사물을 치웠는데 아직도 이 키가 말을 안 들어서 불편하네.

심장이 하루 종일 내보내는 혈액의 양은 얼마나 될까

7000리터가 넘어. 욕조 90개를 피로 찰랑찰랑 채울 수 있는 양이지.(해 보지 말 것.)

심장은 평생 몇 번이나 뛸까

약 35억 번. 엄청난 숫자지. 전 세계 고양이와 개의 숫자를 모두 합친 것보다도 많은 수거든. 하지만 평생 심장이 뛰는 횟수가 정해져 있어서 다 뛰고 나면 심장이 멎는다거나 하는 건 아니야. 오히려 운동을 해서 심장이 빠르게 뛰도록 단련하면 더 오래오래 뛸 수 있어!

참일까, 똥일까?

재채기를 할 때는 심장이 멎는다. ☐ 참 ☑ 똥

많은 사람들이 그렇다고 생각하지만 순 거짓말이야. 그게 사실이라면 알레르기 철에는 병원이 엄청 붐비겠지?

**심장은 우리 몸에서
가장 먼저 발달하는 기관이다.** ☑ 참 ☐ 똥

혹시 네가 콩알만 하던 시절 기억하니? 안 난다고? 흠, 나도 그래. 어쨌든 네 심장은 그때부터 형성되기 시작했어. 그리고 한참 뒤에야 게으름뱅이 간과 느림보 척추가 생겨났지.

심장이 몸의 오른쪽에 있는 사람도 있다. ☑ 참 ☐ 똥

아주 드물게 그런 사람이 있어. 1만 명의 가슴을 엑스레이로 촬영해 보면 그중 한 사람은 심장이 오른쪽에 있을 거야. 이런 경우를 전문 의학 용어로 우심증이라고 해. 곧 알게 되겠지만 거의 어디에나 복잡한 의학 용어가 붙는단다. 대체 이런 이름을 누가 다 만들었을까?

...

이번에는 우리 모두의 몸속에 들어 있는 끈적하고 걸쭉하고 질척하고 붉은 액체를 살펴보자. 몸속에 있는 다른 것들은 쉽게 볼 수 없는데 혈액은 가끔 눈으로 볼 수 있잖아. 그러니까 조금 알아 두면 좋겠지?

어딘가에 베였을 때 까꿍 하고 나오는 혈액, 즉 피는 여러 가지 역할을 한단다. 혈액은 생명의 주스, 즉 생명수와도 같아. 혈액이 없다면 살 수 없다는 뜻이지. 하지만 분명히 말하는데, 진짜 주스는 아니니까 절대 마시면 안 돼.(혹시 네가 흡혈귀라면 피를 마셔도 좋지만 부디 내 피는 마시지 말아 줘. 내가 얘기했던가? 오늘 점심에 마늘 샌드위치를 먹었다니까.)

혈액이 하는 일

혈액이 우리 몸속 구석구석을 돈다는 것은 이미 배웠지만 대체 무슨 일을 하고 있는 걸까? 쉽게 이해하려면 교통망을 떠올려 보렴. 혹시 지하철 노선도를 본 적이 있니? 여러 개의 지하철 노선이 다양한 방향으로 뻗어 나가잖아. 혈액도 그렇게 다양한 방향으로 뻗어 나가. 그리고 지하철이 수많은 사람들(서류 가방을 들고 출퇴근하는 불쌍한 회사원들, 커다란 배낭을 메고 자꾸 옆 사람을 치는 관광객들, 냄새 풍기며 참치 샌드위치를 먹는 승객들)을 다양한 장소에 데려다 주듯이, 혈액도 다양한 물질을 온몸으로 수송해 줘. 예를 들어 산소는 온몸 구석구석에 전달되어야 하거든. 머리끝에 있는 뇌에서부터 발끝의…… 뭐, 아무튼 발끝까지 말이야. 그리고 혈액은 몸이 필요로 하는 연료(즉 영양분)를 소화 기관(위와 장)에서 받아와서 필요한 곳에 전달해 주기도 하지. 세포들이 만들어내는 노폐물을 몸 밖으로 내보낼 수 있도록 운반

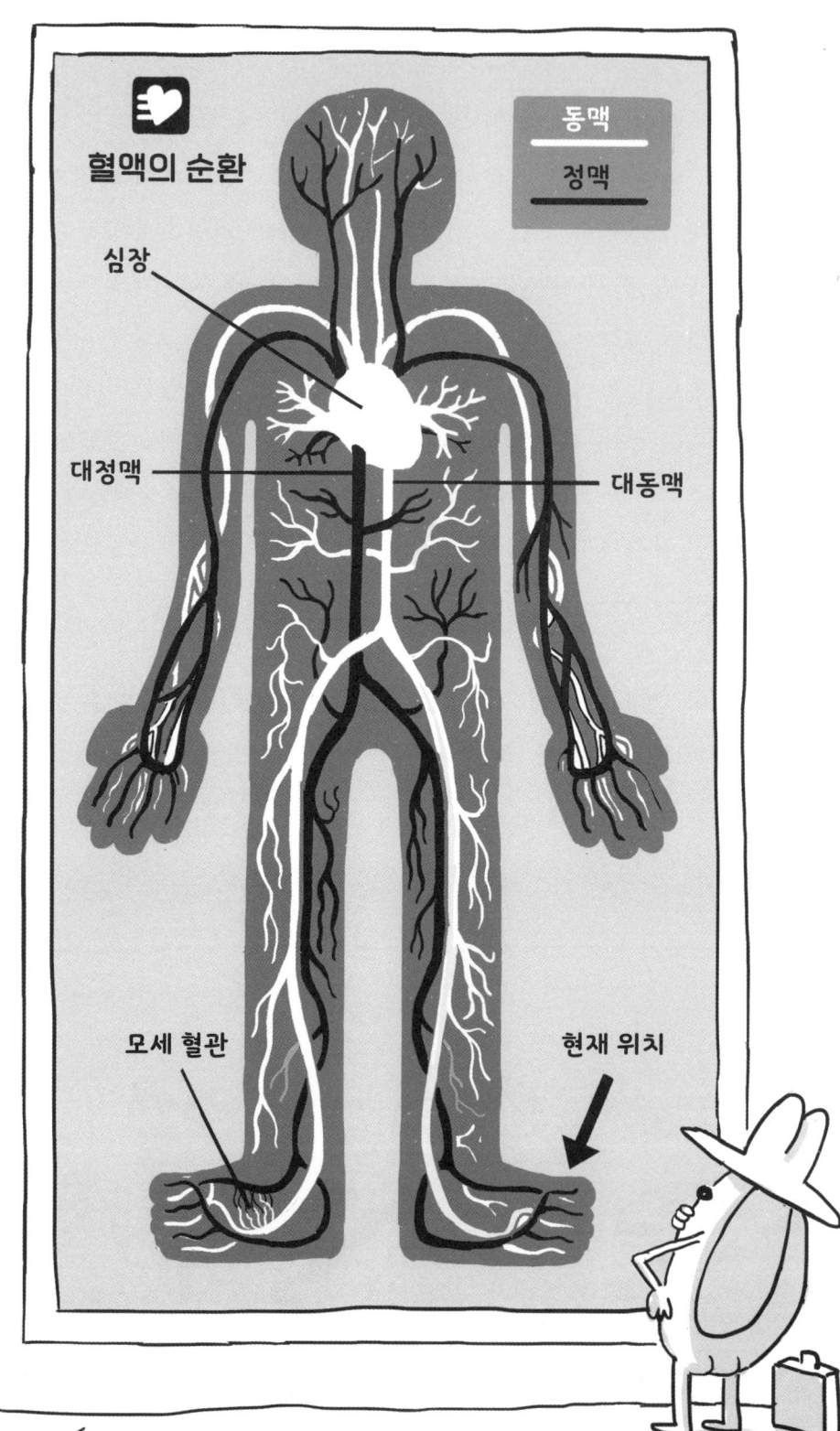

해 주기도 하고. 그런데 혈액은 지하철과는 달리 24시간 움직여. 우리가 깊이 잠들어 있을 때도 쉬지 않는다고. 게다가 질병을 막아 주기도 한다니까! 간단히 말하면 택배 서비스와 쓰레기 수거 서비스, 경비 서비스까지 하는 셈이야. 참, 중앙난방 시스템이기도 해. 피부와 협력해서 우리 몸이 항상 사랑스러운 온도 37도를 유지하게 해 주거든. 또, 맛있는 간식이 되기도 하지.(흡혈귀가 아니라면 이 말은 무시하도록.)

혈액의 순환 방법

우리 몸은 그저 혈액으로 가득 찬 물 풍선이 아니야. 혈액은 굉장한 네트워크를 사용해서 몸속을 도는데, 그 네트워크는 바로 동맥과…… 하나 더 있잖아. 기억하지? 맞았어. 동맥과 도우미트론-6000. 아니다, 미안. 이건 내 로봇 도우미 이름이야. 동맥과 정맥이잖아.

동맥

동맥은 산소가 가득 담긴 혈액을 심장에서 온몸 구석구석으로 옮겨 주는 파이프야. 심장에서 뻗어 나온 동맥을 **대동**

맥이라고 해. 동맥 가운데 가장 굵은 동맥이지. 도로에 비유하면 차선이 10개쯤 되는 고속 도로와도 같아. 곳곳에 식당과 인형 뽑기 기계를 갖춘 커다란 휴게소들이 있는 큰 도로 알지? 얼마 안 가서 대동맥은 여러 개의 더 가느다란 동맥으로 갈라지고, 이 작은 동맥들이 다시 여러 개의 더 작은 동맥으로 나뉘어. 이런 동맥은 차선이 한두 개뿐인 집 앞 도로와 비슷해. 동맥은 심장에서 멀어질수록 가늘어져서 발끝에 있는 동맥은 자전거가 간신히 다니는 비좁은 오솔길과 같아. 동맥은 벽이 잘 늘어나기 때문에 심장이 혈액을 짜 넣을 때마다 넓어졌다가 가늘어지기를 반복해. 수돗물을 세게 틀면 불룩해지는 호스처럼 말이야.

난 인형이 아니라고!

정맥

정맥도 중요한 혈관이야. 동맥이 산소를 모두 전달하고 나면 정맥이 나서서 다 쓴 혈액을 다시 심장으로 수송해 주거든. 정맥은 작은 물고기들이 한 줄로 헤엄쳐 다니는 냇물처럼 아주 가늘게 시작해서 심장에 가까워질수록 점점 굵어져. 심장 앞에 가면 하마들이 뛰어노는 커다란 강물이 되지.

가장 굵은 정맥은 심장으로 바로 연결되는 **대정맥**이야. 정맥 속 혈액은 동맥을 통과할 때보다 느리게 흘러가기 때문에 정맥은 동맥만큼 튼튼하지 않아. 혈관 벽이 더 얇고 흐물거리지.(내가 이렇게 얘기했다고 정맥한테 이르면 안 돼.)

동맥과 정맥 외에 다른 종류의 혈관이 하나 더 있는데, 바로 **모세 혈관**이야. 너무 가늘어서 깜빡했지 뭐야. 모세 혈관은 이스라엘 민족을 이집트의 노예 상태에서 해방시킨 고대의 지도자란다. 아차, 미안. 그건 그냥 모세구나. 내가 사전을 잘못 찾았네. 모세 혈관은 가장 가느다란 혈관으로 동맥과 정맥 사이에 있어. 모세 혈관의 벽은 아주 얇아서 산소와 연료가 필요한 곳으로 바로 빠져나갈 수 있지. 벽을 통과하는 유령처럼 말이야.(의사의 경고! 유령이 아니라면 해 보지 말 것. 사실은 내가 오늘 아침에 벽을 통과해 보려고 했는데 이마가 엄청 아프더라고.)

> 영어로 동맥을 뜻하는 '알터리artery'는 고대 그리스어로 '공기를 담고 있다'는 뜻이야. 수백 년 전 의사들은 동맥에 공기가 가득 차 있다고 생각했거든. 솔직히 고대 의사들은 정말 도움이 안 된다니까.

너무 하는군.

동맥 정맥 모세혈관 피핀의 뇌

혈액은 무엇으로 이뤄져 있을까?

혈액은 세 가지 세포로 이뤄져 있어. 적혈구와 백혈구, 혈소판이지. 붉을 '적赤' 자를 쓴 적혈구는 붉은 혈액 세포라는 뜻이고, 흰 '백白' 자를 쓴 백혈구는 흰 혈액 세포라는 뜻이야. 그런데 어째서인지 노란색 혈소판은 누를 '황黃' 자를 써서 '황혈구'라거나 '노란 혈구'라고 부르지 않는다니까. 이런 이름을 짓는 위원회가 있다는데, 아무래도 그 위원회를 좀 더 조사해 봐야겠어.

   3종류의 세포는 모두 혈장이라는 액체 속을 헤엄쳐 다녀. 혈장은 조금 징그럽긴 해도 아주 중요한 물질이야. 혈액이 찐득해지는 것을 막아 주거든.

적혈구

앞에서 설명했듯이 적혈구는 붉은색이야. 적혈구 때문에 혈액이 케첩 같은 색을 띠는 거지. 적혈구는 혈액 속에 가장 많이 존재하는 세포야. 혈액 한 방울에 적혈구가 500만 개 이상 담겨 있거든.(500만은 엄청난 숫자야. 굉장한 수다쟁이가 2년 동안 한 말을 모두 합치면 500만 단어쯤 될 거야.) 적혈구는 현미경으로 관찰해 보면 살짝 눌려서 납작한 원판 모양을 하고 있어. 실수로 깔고 앉은 과일 젤리나 오래 써서 납작해진 쿠션처럼 말이야. 적혈구는 몸 구석구석으로 산소를 전달해 주지. 이건 혈색소(헤모글로빈)라는 물질을 갖고 있기 때문인데, 적혈구는 혈색소가 저장되어 있는 주머니와 같단다.

잠깐 자리에 앉아 볼래? 슬픈 소식을 전해야 하거든. 적혈구는 영원히 살 수 없어. 넉 달쯤 살고 나면 지쳐서 세상을 떠나. 별로 슬퍼하지 않는 얼굴이네? 냉정하기는. 적혈구는 넉 달 동안 살면서 우리 몸속을 500킬로미터쯤 여행해. 거의 서울에서 제주도까지 이르는 거리지. 그렇게 먼 길을 여행했으니 빨리 지치는 것도 당연하지 않니? 다행히 우리 몸은 끊임없이 새로운 적혈구를 만들어서 죽은 적혈구의 자리를 메우지. 새로운 적혈구를 만드는 곳은 골이야. 미안, 잘못 썼네. 어쩐지 이 단원은 잘 안 풀린다. 골이 아니라 골수거든. 우리 뼈는 단단하고 튼튼하지만 그 속에는 골수라고 하는 물컹하고 질척질척한 물질이 들어 있어. 바로 여기서 아기 혈구가 탄생하지. 개들이 뼈를 맛있게 뜯는 것도

바로 골수 때문이야. 그런데 다시 생각해 보니까 피핀은 냄새 나는 양말도 맛있게 뜯긴 하네. 어쩌면 골수도 딱히 맛이 좋지는 않을지도 모르겠다.

어쨌든 뼈가 우리 몸의 형태를 유지해 주는 막대인 줄로만 알았지, 피를 만들어 내는 오싹한 동굴인 줄 누가 알았겠어? 부모님께 적혈구가 어디서 나오는지 아느냐고 한번 여쭤 볼래? 혹시 모른다고 하면 1시간 동안 의자에 앉아서 반성하시라고 해.

백혈구

백혈구가 어떤 색깔인지는 이미 알고 있지? 그런데 모양은 어떨까? 둥근 모양일까? 네모? 세모? 수학 선생님의 코 모양? 맞았어. 모두 맞다고. 백혈구는 찰흙처럼 모양이 항상 변하거든.

백혈구는 적혈구만큼 많지는 않지만 중요한 역할을 맡고 있어. 우리 몸을 지켜주는 경호원이거든. 우리가 질병과 싸우도록 도와 주는 꼬꼬마 슈퍼 히어로 군단이라고나 할까? 백혈구는 밤낮으로 우리 몸을 순찰하며 세균이나 다른 못된 놈들이 병을 일으키지 않는지 살펴. 백혈구의 종류는 여러 가지고 종류에 따라 서로 다른 유형의 적을 맡고 있어. 박테리아를 상대하는 백혈구, 바이러스를 상대하는 백혈구, 벌레를 상대하는 백혈구가 따로 있다는 뜻이야.(그렇다니까! 우리 몸은 철저한 계획을 갖고 있어.)

백혈구는 무자비한 킬러들이야. 수상한 놈을 발견하면 바로 파괴해 버리거든. 이렇게 싸우는 동안 백혈구는 혈액에 화학 물질을 내보내서 몸에 열이 나게 만들기도 해. 몸이 뜨거워질수록 박테리아나 바이러스가 살아남기 힘들거든. 그러니까 열이 나는 건 좋은 일이야.(물론 좀 답답한 기분이 들긴 하지. 한낮에 두툼한 스웨터를 입고 열대 지방 해변에서 활활 타는 장작불에 마시멜로를 굽고 있는 것 같잖아.)

혈소판

혈소판은 그룹 활동을 하는데, 주로 피가 응고되도록 돕는 일을 해. 응고란, 액체가 엉겨서 딱딱하게 굳어지는 현상이야. 그러니까 혈액이 몸속을 돌고 있을 때는 응고되면 안 되겠지? 하지만 네가 사고를 당하거나 어딘가에 베이면 그때 혈소판이 출동해. 그래도 사방으로 피가 튀고 네가 마구 소리를 질러 댈 수 있

도록 조금 기다려 줄 거야. 마침내 현장에 도착한 혈소판은 벌어진 상처에 피를 끈끈하게 엉겨 붙게 만들지. 상처가 클수록 친구들을 더 많이 불러 모아. 사실, 내 친구들은 자거나 텔레비전 보느라 바빠서 내 메시지에 답장도 안 하는데 혈소판은 달라. 도움을 필요로 하는 친구들을 절대 저버리지 않거든.

혈장

혈장은 이름만 근사할 뿐 대단한 일을 하지는 않아. 그저 적혈구나 백혈구, 혈소판이 헤엄쳐 다니는 액체에 불과하고 오줌처럼 보이기도 해.(그래서 과학자들에게 확인해 봤는데, 오줌은 절대 아니래.) 혈장은 혈액을 우리에게 익숙한 붉은 액체의 형태로 만들어 줄 뿐 아니라 몸이 필요로 하는 양분을 모두 실어 나르기도 하지. 호르몬도 실어 나른단다. 호르몬은 우리 몸의 메시지 전송 시스템이야.(페이스북 메신저와 비슷하지만 호르몬은 와이파이가 고장 나도 문제없이 작동하지.)

혈액을 잃는다면

우리가 넘어져서 무릎에 피가 나더라도 우리 몸은 잃어버린 피를 금세 다시 만들 수 있어. 로봇 도우미의 배터리가 닳았을 때 플러그를 꽂으면 금세 충전되듯이 말이야. 우리가 어딘가를 다쳐서 피를 흘리면 몸은 피를 더 많이 만들어서 보충하기 때문에 금세 괜찮아진단다. 하지만 심각한 사고를 당하거나 큰 수술을 받을 때는 몸이 빠르게 보충할 수 없을 만큼 많은 피를 흘리기도 해. 이렇게 몸에 혈액이 충분하지 않으면 위험해져. 혈액이 얼마나 중요한 역할을 하는지 이제 너도 잘 알잖아. 무엇보다도 혈액이 없으면 필요한 곳에 산소를 전달할 수 없게 되지. 이럴 때는 다른 방법을 써야 해. 바로 수혈이라는 방법을 써서 혈액을 보충하는 거지.

수혈의 원리는 간단해. 봉지에 가득 담긴 피를 팔의 정맥으로 넣어 주면 되거든. 그런데 봉지에 담긴 피는 어디서 났을까?

한국은 연간 약 300만 명이 헌혈에 참여해야 외국으로부터 수입하지 않고 자급자족할 수 있어. 우리나라 제2의 도시인 부산에 사는 사람이 약 330만 명이니까 얼마나 많은 피가 필요한지 알겠지?

다른 사람의 피야! 놀라지 마. 한밤중에 잠든 사람의 피를 훔쳐오는 건 아니니까. 그 피는 사람들이 선한 마음으로 나눠 준 거야. 혹시 어릴 때 쓰던 장난감이나 책을 기부해 본 적 있니? 혈액도 똑같이 기부할 수 있어. 하지만 장난감이나 책처럼 그냥 건네줄 수는 없지. 피를 나눠 주는 것을 헌혈이라고 하는데, 헌혈의 집에 가면 간호사가 네 팔에 관을 연결해서 혈액을 뽑을 거야. 두 컵 정도? 건강한 사람이라면 피를 두 컵쯤 나눠 줘도 피가 충분히 남아서 거뜬하게 생활할 수 있거든. 헌혈을 하면 간식을 받을 수도 있어. 하지만 간식보다 더 좋은 건 누군가의 목숨을 살린다는 사실이지. 살면서 남의 목숨을 구할 기

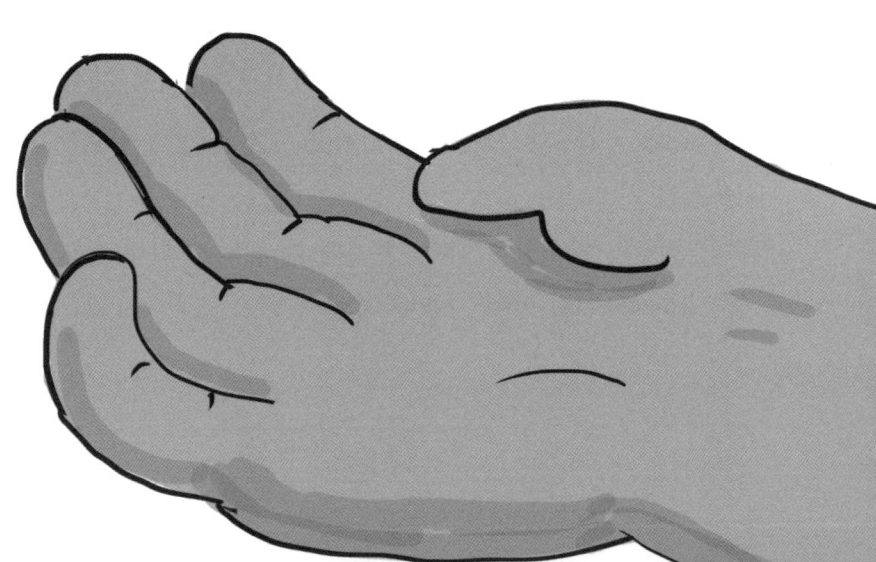

회가 얼마나 되겠니? 그리 많지 않을걸. 네가 배트맨이라면 모를까.(혹시 배트맨이라면 네 자동차 좀 빌려 줄래? 내 차보다 훨씬 더 재미있게 생겼던데.)

　헌혈을 하려면 만 16세는 되어야 해. 그때가 되면 꼭 생각해 보도록. 굉장한 일이니까.

혈액형

사람들의 혈액형은 저마다 달라. 눈동자 색이나 혀의 길이도 사람마다 다르잖아. 그리고 어떤 사람은 책을 잘 쓰는 반면(나처럼!), 어떤 사람은 책을 전혀 못쓰기도 하지.(내 동생처럼!)

　의사는 환자에게 수혈한 피를 넣을 때 환자의 혈액형을 정확히 알아야 해. 어떤 혈액형들은 서로 잘 어울리지 못하거든.(방금 내 동생이 바로 위 단락을 읽고 나한테 덤빈 것

젖소의 혈액형은 800가지가 넘는단다. 만약 이 책이 젖소에 관한 책이라면 3장이 엄청 길어졌겠지?(제목은 아마 '닥터 K의 소 해부학 실험실'이 되었을 거야!)

처럼.) 자신의 혈액과 맞지 않는 혈액을 받으면 심각한 문제가 생겨. 혈액형은 네 가지야. A형, B형, AB형, O형이 있어.(외울 수 있겠지? 어렵지 않잖아.) O형은 아주 특별한 혈액형이야. O형의 혈액은 누구나 수혈받을 수 있거든. 사람들 중에도 아무하고나 사이좋게 지내는 사람 있잖아. 뭐, 너처럼!(혹시 네가 못된 사람이라면 이 말은 취소.)

어! 그거 내가 마시던 건데!

케이의 쿵큼증

상처의 딱지는 피로 이뤄져 있는데 어째서 딱딱할까

미니 청소기로 키보드에 낀 토사물을 청소했는데도 여전히 저 키가 말을 안 듣네. 미안.

혈소판 기억하지? 상처가 난 현장으로 달려와서 끈적한 물질로 피가 콸콸 쏟아져 나오는 것을 막는 꼬꼬마 구급대원들 말이야. 이 친구들은 일을 끝마친 뒤에 섬유소로 이뤄진 그물망 같은 것을 남기거든. 이 섬유소가 단단하게 굳어서 네가 사랑하는 딱지를 만든단다. 혹시 주변의 어른이 딱지를 뜯지 말라고 소리치거든 딱지가 사실은 섬유소 그물망이라고 알려드리렴. 하지만 딱지를 뜯지 말라는 얘기는 들어야 해. 딱지는 세균의

침입을 막고 스스로 치유 중인 피부를 보호하기 위해 생기는 거니까. 피부가 치유되고 나면 딱지는(아아, 미안. 섬유소 그물망은) 저절로 떨어져 나갈 거야.

❓ 피는 붉은색인데 왜 정액은 푸른색일까

사실은 정맥도 붉은색인데 겉으로만 푸른색으로 보이는 것뿐이야. 빛이 피부에 흡수되는 방식 때문에 착시 현상이 일어나는 거지. 파란 피를 가진 인간은 없지만…… 거미와 게, 오징어의 피는 푸른색이란다. 이 친구들의 몸속에서는 혈색소가 아닌 헤모시아닌이 산소를 전달하는데 헤모시아닌이 푸른색이거든.(보너스 상식! 어떤 벌레들은 피가 초록색이야.)

❓ 왜 어떤 사람들은 피를 보면 기절할까

그야 당연히 오싹하니까. 좀 더 과학적인 대답을 원한다고? 좋아. 만약 우리가 무언가를 보고 겁을 먹거나 당황하면 우리의 뇌는 신경에게(정확히 말하면 미주 신경에게) 우리 몸을 진정시키라는 메시지를 보내. 그러면 심장 박동이 느려지는데, 때로는 너무 느려져서 갑자기…… 쿵, 안녕, 땅바닥! 이렇게 되는 거야. 창피한 일은 아니야. 그런 사람이 한둘이 아니거든. 사실은 나도 의과 대학에 다닐 때 몇 번 그런 적이 있어……. 어떤 아저씨의 팔에 난 상처를 꿰매다가 기절한 적도 있지. 아이고! 다행히 내 머리가 찢어지진 않았어. 내 손으로 내 머리까지 직접 꿰맬 필요는 없었다고. (그 아저씨는 어떻게 됐냐고? 혹시 지금도 그 자리에 앉아서 피를 철철 흘리는 건 아니냐고? 설마. 다른 의사가 와서 치료해 줬지.)

참일까, 똥일까?

요즘에도 의사들은 가끔 거머리를 사용한다. ☑ 참 ☐ 똥

아주 오랜 옛날 의사들은 인체가 정확히 어떻게 작동하는지 몰라서 이상한 (그리고 전혀 효과가 없는) 치료법을 쓰기도 했어. 과거의 의사들이 특히 즐겨 쓴 방법 가운데 하나는 거머리 치료법이었지. 심장 질환에서부터 다리 염증에 이르기까지 어디에나 이 방법을 썼어. 거머리는 민달팽이처럼 징그럽게 생겼고 입속에는 이빨이 300개쯤 들어 있어서 이 입으로 피를 빨아먹지. 의사들은 오래전에 거머리

이를 다 쑤시려면 엄청 오래 걸리겠군.

참일까, 똥일까?

치료법을 중단했지만(가장 큰 이유는 이 치료법으로 많은 환자들이 죽었기 때문이야) 이제 조금씩 다시 사용하기 시작했어. 외과 의사들이 수술 부위에 혈액이 잘 흐르도록 거머리를 사용하거든. 거머리는 한 끼에 자기 몸무게의 열 배나 되는 먹이를 먹을 수 있어. 네가 점심 한 끼로 햄버거를 2000개 먹는 것과 똑같겠지.(절대 그러지 말 것.)

우리의 혈액에는 금이 들어 있다.   ☑ 참 ☐ 똥

혈액에는 철과 구리, 금과 같은 금속이 아주 조금씩 들어 있단다. 하지만 너무 좋아하지는 마. 아주 적은 양이이니까. 커다란 축구 경기장에 사람들을 가득 넣은 뒤 그들의 피를 모조리 뽑아야 작은 반지 하나를 만들 수 있는 금이 나올 거야.(절대로 해 보지 말 것. 경찰이 출동할 수도 있어.)

열 사람 가운데 한 명은 평생에 한 번
수혈을 받는다.   ☐ 참 ☑ 똥

사실은 세상 사람들의 절반 이상이 평생 한 번은 수혈을 받아. 그러니까 더욱더 헌혈을 해야겠지? 언젠가 너도 다른 사람의 피를 필요로 할지도 모르잖아. 물물 교환이라고 생각해.

∙∙∙

들이쉬고 내쉬고, 들이쉬고 내쉬고. 이거 말고 폐가 하는 일이 또 있을까? 그러면 좋겠다. 나는 폐 이야기로 한 단원을 채워야 하니까. 어서 자리에 앉아 봐. 심호흡을 하고 네 공기주머니를 최대한 파헤쳐 보자.

숨쉬기, 즉 고상한 말로 '호흡'을 하는 이유는 온몸의 조직에 산소(O_2)를 공급하기 위해서야. 여기서 조직은 학교 같은 공동체를 말하는 게 아니라 우리 몸의 여러 부분을 이루는 아주 작은 단위를 말해. 산소는 그런 조직들이 살아 있게 해 주고, 그 덕분에 우리가 살아갈 수 있는 거지. 우리가 날마다 움직이고 먹고 생각하고 방귀를 뀔 수 있는 건 다 산소 덕분이야.

호흡은 양방향으로 일어나. 신선한 공기를 마시고 신선하지 않은 공기를 내뱉는 거지. 공기를 들이마시는 것을 들숨이라고 해. 영어로는 '인스피레이션 inspiration', '감동을 주는 것'이라는 뜻이기도 해. 들이마신 공기 중의 산소가 혈액을 모두 채우고 나면 남은 공기는 밖으로 나가야 하지. 산소가 온몸에 전달되고 나면 이산화탄소(CO_2)라는 기체가 그 빈자리를 채운단다. 숨을 내쉬어 이산화탄소를 내보내는 것을 날숨이라고 해. 영어로는 '엑스피레이션 expiration'인데 도넛 등의 '유통 기한'을 뜻하기도 하지.

폐 속으로

크게 아, 하고 입을 벌려 봐. 이제 호흡이 어떻게 일어나는지 알아 보자. 공기는 (네가 도통 다물지 않는) 입이나 (네가 맨날 손가락으로 후비는) 코로 들어가. 그런 다음 목구멍으로 내려가는데, 목구멍은 이중 첩자처럼 두 가지 역할을 해. 공기뿐 아니라 음식의 입구가 되기도 하거든. 목구멍을 거친 뒤 음식은 식도로, 공기는 **기관**으로 들어가지. 여기서 말하는 기관은 장기의 부위를 뜻하는 무슨 무슨 '기관器官'과 다른 말이야. 공**기**가 지나가는 **관**이라는 뜻으로 '기관氣管'이라고 부르지. 어렵지? 헷갈릴 것 같을 땐 내가

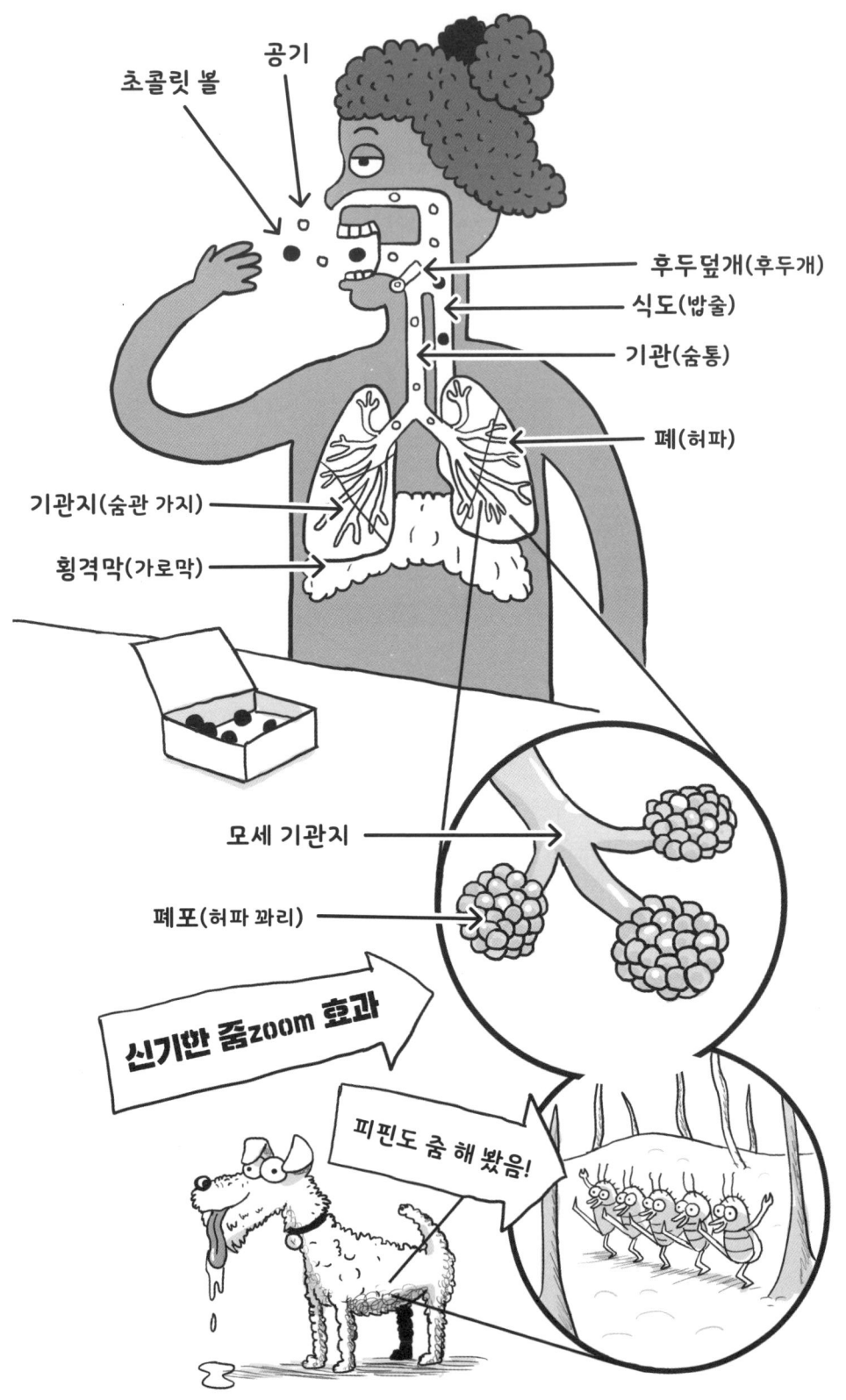

옆에 '숨통'이라고 써 줄게. 걱정 마.(휴, 이제야 숨통 트인다.)

음식과 공기가 각자에게 맞는 통로로 들어가야 하기 때문에 기관(숨통. 앞으로 당분간은 숨통을 뜻할 거야)의 맨 윗부분에는 후두덮개라고 하는 작은 덮개가 있어. 이 덮개가 마치 학교 앞에서 교통정리 하는 아주머니처럼 길을 안내해 주지. 하지만 후두덮개도 늘 만점을 받지는 않는단다.(세상에 그런 사람이 어디 있니? 넌 늘 만점을 받는다고? 정말? 좋아, 너희 선생님에게 확인해 보겠어…….) 그러니까 혹시 음식이 잘못 내려가면 앞으로 이렇게 말해. "내 후두덮개에 오류가 나서 음식이 식도가 아닌 기관으로 들어갔어요." 물론 그 전에 기침을 해야겠지.

공기는 기관으로 내려가야 해. 기관은 두 갈래로 나뉘어 두 개의 기관지로 연결되고, 두 기관지는 제각기 두 쪽의 엉덩이와 연결…… 미안, 미안. 두 개의 폐와 연결돼.

폐는 쫀득쫀득하고 분홍빛이며 크기는…… 글쎄, 양쪽 갈비뼈에 양손을 얹어봐. 그게 바로 폐의 크기야. 양쪽 폐가 똑같지는 않아. 왼쪽 폐는 좀 더 작고 (폐엽이라고 하는데) 2개로 나뉘어 있어. 오른쪽 폐는 좀 더 크고 3개의 폐엽으로 이뤄져 있지. 이유는 심장이 왼쪽 폐 쪽으로 기울어져 있기 때문이야. 우리 몸의 모든 장기는 질척한 퍼

즐처럼 딱 맞게 들어가 있거든.

　기관지의 윗부분은 네 손가락만 한 굵기지만 아래로 갈수록 가늘게 쪼개져서 모세 기관지와 닿는 부분은 생쥐의 손가락만 한 굵기야. 기관지와 모세 기관지를 모두 합쳐서 기도라고 부르기도 해. 모세 기관지 끝에는 폐포가 있는데, 폐포는 아주 작은 뽁뽁이 같은 공기주머니야. 폐포랑 쥐포가 어떻게 다르냐고? 쥐포가 폐포보다 훨씬 더 맛있겠지. 폐포를 바닥에 모두 펼쳐 놓으면 테니스 코트 하나를 뒤덮을 거야. 하지만 직접 해 보는 건 금물! 폐포는 폐에서 아주 중요한 부분이거든. 폐포가 산소를 붙잡아서 혈액 속에 넣어 주면 심장이 그 혈액을 온몸으로 보내 준단다. 그와 동시에 폐포는 혈액의 이산화탄소를 거둬서 모세 기관지로 다시 올려 보내 주기도 해. 이산화탄소가 바로 빠져나갈 수 있도록. 이산화탄소는 폐가 싸놓는 똥과 같지. 아주 효율적인 시스템이야. 이 모든 일이 숨을 한 번 들이마셨다가 내쉬는 사이에 일어난다니까.

　우리가 굳이 생각하지 않아도 심장이 저절로 뛰듯이 호흡도 저절로 일어나. 무인 자동차와 비슷하지. 사실은 로봇 도

> 우리 입으로 나오는 공기는 체온과 똑같이 37도의 따뜻한 온도야. 그래서 바깥 날씨가 추울 때 창문에 대고 숨을 쉬면 창문에 김이 서리지. 그럼 너는 거기에 손가락으로 이름을 쓰거나 이상한 그림을 그릴 테지.
> (옆에서 말리는 사람이 없다면 말이야.)

우미도 비슷해. 시키지 않아도 자연스럽게 숙제를 대신 해 주거든.(그러니까 로봇 도우미를 하나 사라니까.)

우리 뇌는 끊임없이 우리 몸의 산소와 이산화탄소 수치를 확인해서 폐에게 얼마나 더 세게 쥐어짜야 하는지 알려 줘. 매번 의식하지 않아도 호흡이 절로 일어나서 얼마나 다행인지 몰라. 호흡은 2~3초에 한 번씩, 그러니까 하루에 적어도 2000번쯤 해야 하는데 그때마다 매번 의식해야 한다면 다른 생각은 전혀 할 수 없잖아. 그리고 우리 몸의 모든 부분이 그렇듯 폐도 근육이 도움의 손길을 내주지 않으면 움직일 수 없어. 아, 참. 근육은 손이 없지. 그러니까, 근육이 도움의 '근육'을 내주지 않으면 움직일 수 없겠지.

호흡에 중요한 역할을 하는 근육이 바로 횡격막이야. 횡격막에 관해 꼭 알아야 할 점이 세 가지 있어. 첫째, 횡격막은 둥근 지붕 모양이다. 둘째, 횡격막은 양쪽 폐 아래 자리하고 있다. 셋째, 횡경막이 아니라 횡격막이다. 발음 때문에 자주 틀리거든. 영어로는 '다이어프램diaphragm'인데, g는 묵음이야. 이런 어려운 이름을 짓는 위원회를 드디어 찾았어. 위원회 회장은 클라이브라는 사람이야. 클라이브에게 편지를 써서 소리도 나지 않는 g를 왜 넣었는지 물어봐야겠어.

우리 몸이 숨을 들이쉬면 횡격막의 둥근 지붕이 아래로 내려와서 평평한 모양이 되지. 횡격막은 친구들과 함께 일해. 횡격

막이 내려오면서 동시에 갈비뼈 사이사이에 있는 수많은 작은 근육들(늑간근)이 흉곽을 바깥쪽으로 밀어내지. 그러면서 폐가 커지면 그 안으로 공기가 들어가는 거야.

폐의 더러운 똥(시험에 나오면 이산화탄소라고 써야 해)을 치울 때는 이 모든 과정이 거꾸로 일어나. 횡격막이 다시 올라가 둥근 지붕 모양을 이루고 갈비뼈들이 안쪽으로 들어가면서 폐가 작아지지. 공기가 가득 찬 풍선의 매듭을 풀면 풍선이 쪼그라지면서 공기가 빠져나가잖아. 그것과 똑같은 원리야.

점액

이번엔 점액을 집중적으로 살펴볼 거야. 점액에 대해 알고 싶지 않다면 건너뛰어도 좋아. 하지만 점액을 사랑한다면 각오해. 너를 위해 특별히 준비했으니까.

가래라고도 부르는 점액은 젤리처럼 끈적한 액체고 우리 폐 안에 살고 있어. 겉모습은 그리 아름답지 않지만 꼭 필요한 존재

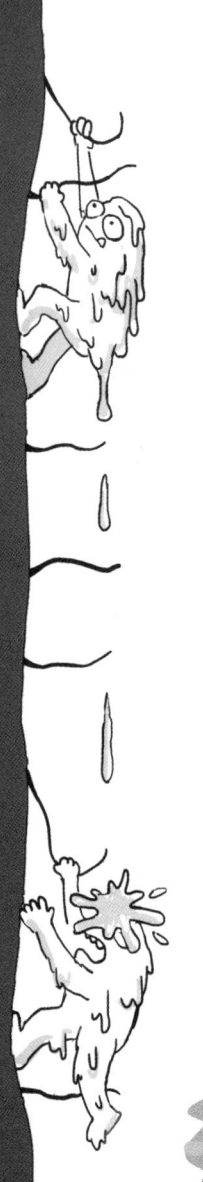

야. 폐를 깨끗하게 유지해 주거든. 끈적끈적하고 미끈거리는 특징 때문에 기도 속으로 몰래 침입하는 먼지나 미생물을 붙잡기에 완벽하니까. 이렇게 오염 물질을 붙잡은 가래는 위로 올라가. 기관지 안쪽에 난 작은 털들을 사용해서 오염 물질을 입으로 올려 보내지.(혹시 식사 중이었다면 미안. 그래도 얘기가 나온 김에 한 가지 덧붙일게. 네 폐에는 작은 털이 잔뜩 나 있어. 다음에 미용실에 갈 때 폐의 털도 좀 깎아 달라고 하면 어떨까?)

가래가 기관(숨통) 끝까지 올라가면 목구멍이 '윽, 이게 뭐야. 싫어!' 하며 기침으로 뱉어 내기도 해. 하지만 자기도 모르게 가래를 삼키는 경우가 더 많을 거야. 아마 지금도 그러고 있을걸. 당황할 필요 없어. 맛있는 가래가 끊임없이 기관으로 올라와 위로 들어가는 것뿐이야. 으음, 맛있겠다!

우리 폐가 하루에 만들어 내는 가래는 1리터가 넘어. 꽁치 통조림통 3개를 채울 수 있는 양이지. 기침을 하면 가래는 시간당 약 80킬로미터 속도로 날아가. 세계에서 가장 빠른 단거리 달리기 선수보다 두 배 빠르고 피핀보다는 열 배 빠른 속도야. 피핀은 엄청 게으르거든.

흡연

흡연, 즉 담배를 피우는 것이 몸에 나쁘다는 건 이미 알고 있겠지? 사실은 나쁜 정도가 아니라 '정말' 해로워. 흡연은 우리 몸에 가장 해로운 습관에 속한다니까. 그런데 왜 법으로 금지하지 않을까? 아주 좋은 질문이야.(역시 나는 똑똑해.) 하지만 답은 모르겠어.(아주 똑똑하진 않네.) 흡연은 법으로 금지해야 할 것 같은데.

우리의 폐는 호흡이 시원찮거나 거칠어지지 않도록, 매끄럽고 기분 좋게 이어지도록 도와주는 장치를 갖고 있어. 폐는 점액, 즉 흉수라는 액체가 담긴 풍선 속에 담겨 있어서 숨을 쉴 때마다 쉽게 늘어나거든. 수영장의 미끄럼틀을 상상해 보렴. 물기가 말라 버린 미끄럼틀을 타면 술술 내려가지 않겠지? 굽이진 부분마다 걸려서 애를 먹을 거야. 최악의 워터파크겠지.

흡연은 폐와 기도에 다양한 방식으로 해를 입힐 뿐 조금도 이롭지 않아. 조금 전에 말했듯이 가래는 기관지로 들어온 더러운 오물을 내쫓는 데 중요한 역할을 하지. 그런데 담배를 피우면 가래를 밖으로 올려 보내는 폐의 작은 털들이 손상돼서 가래가 나가지 못해. 그래서 흡연자의 폐는 세균이나 바이러스를 쉽게 쫓아내지 못하고 감염되기 쉬운 상태가 되지. 흡연자들이 마치 피핀이 토할 때처럼 거칠고 우울한 소리로 기침하는 것도 바로 이런 이유 때문이야.

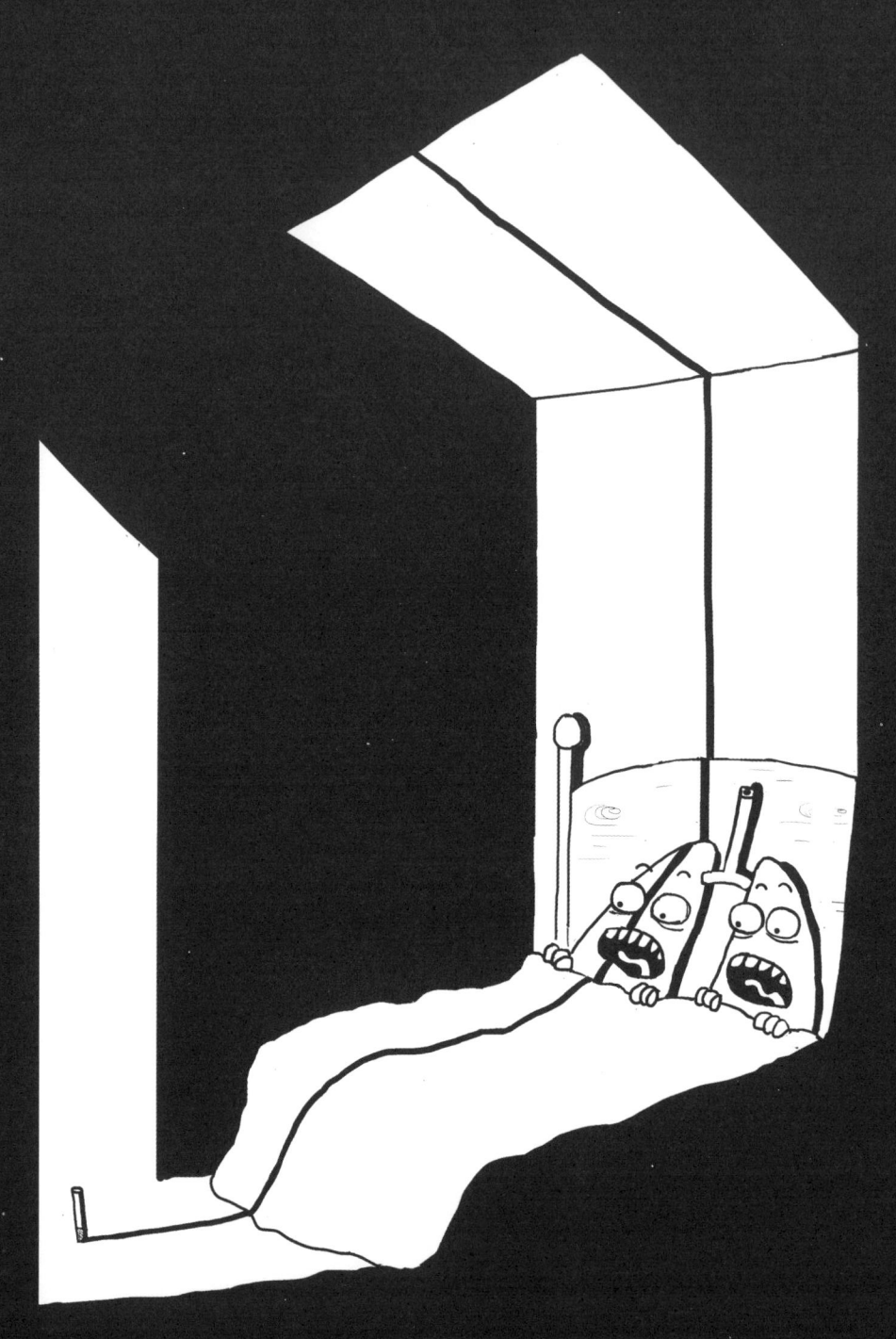

나중에 암에 대해 배우게 되겠지만, 암이 몹쓸 병이라는 사실은 너도 이미 알고 있겠지? 우리 몸의 어떤 세포들이 비정상적으로 자라면 암이 되고, 때로는 암으로 목숨을 잃을 수도 있거든. 그런데 암에 걸리기 쉬운 일을 일부러 하는 사람이 과연 있을까? 흡연이 바로 그런 일이야. 흡연은 폐암뿐 아니라 적어도 15종류의 암을 일으킬 수 있어.

그뿐만이 아니야. 담배 연기에 들어 있는 일산화탄소는 일종의 독이거든. 혈액이 산소를 운반하는 일을 방해하는 독성 물질이지. 누가 혈액의 산소 운반을 방해하고 싶겠어? 산소가 얼마나 중요한지는 피핀도 알 텐데.(게다가 피핀은 문손잡이가 살아 있는 생물인 줄 알 정도로 멍청한 녀석이라니까. 문손잡이를 지나갈 때마다 으르렁거리거든.)

흡연을 하면 폐포 벽이 손상돼서 늘 숨이 차기도 해. 기다려 봐. 아직 끝나지 않았어. 담배에는 타르라는 물질이 들어 있는데, 타르는 도로를 만들 때 쓰는 끈적끈적한 물질이거든. 여기서 깜짝 뉴스! 타르도 독성을 갖고 있단다. 게다가 점액이 가득 차서 괴로워하는 건 폐뿐만이 아니야. 타르와 다른 화학 물질은 모든 혈관에 해를 입히거든. 그래서 혈관이 좁아지고 심장에 무리가 가지. 담배를 피우면 뼈도 약해지고 피부도 쪼글쪼글해져.

그래도 담배를 피우고 싶다고? 아, 맞다. 담배를 피우면 고약한 입 냄새도 나고 이가 돌멩이처럼 변하는 데다(피핀의 이보다 더 흉측해진다니까) 혀는 죽은 애벌레처럼 누런색을 띠고 털로 뒤

덮인단다.

    그래도 한 가지 좋은 소식이 있어. 담배를 피우다가 끊으면 모든 것이 빠르게 정상으로 돌아가거든. 이틀 만에 미각이 되살아나고 한두 달 뒤에는 폐를 보호하는 작은 털들이 저절로 회복되어 다시 오물을 걸러내지. 하지만 담배를 피우다 끊는 것보다는 처음부터 피우지 않는 편이 훨씬 더 좋아.

공해

공해가 뭔지는 알지? 자동차 배기관과 공장 굴뚝, 비행기 등에서 뿜어져 나와 온 세상을 뜨겁게 덥히고 높은 산의 만년설을 녹이는 나쁜 물질 말이야.(사실은 나보다 네가 더 잘 알 걸. 난 시시한 의사일 뿐이잖아.) 문제는 공해가 펭귄이나 북극곰에게만 나쁜 것이 아니라 우리 인간에게도 해롭다는 거야.

공해는 공기 중에 아주 작은 먼지가 가득 떠 있다는 뜻이야. 이미 짐작했을 테지만 이 악랄한 먼지는 결국 우리 폐로 들어가거든. 그런데 워낙 작다 보니 우리 몸의 자연 방어 장치를 빠져나가서 기침을 하거나 숨이 차게 만들기도 해. 이미 천식처럼 폐에 좋지 않은 질병을 앓고 있다면 공해 때문에 더 악화될 수도 있어.

우리가 하루 종일 호흡하는 공기를 모두 합치면 풍선을 1000개쯤 볼 수 있단다. 물론 열기구를 띄우는 풍선이 아니라면 말이야. 그런 풍선은 입으로 불면 반년쯤 걸릴 텐데, 그보다 재밌는 일이 훨씬 더 많지 않을까?

그리고…… 미안, 도통 좋은 소식이 없네. 오염된 공기를 오랫동안 마시면 결국 심장과 폐에도 병이 생길 수 있어. 그러니까 이제 자동차는 그만 타고 자전거를 타면 어떨까?

천식

천식은 전 세계에서 가장 흔한 폐 질환이야. 네가 아는 사람 중에도 틀림없이 천식을 앓는 사람이 있을 거야. 없다고? 그렇다면 넌 황량한 숲속 늪지에서 살고 있는 모양이구나. 한국만 해도 천식을 앓는 사람이 500만 명이 넘는 걸로 추정하고 있거든.

천식을 앓는다고 해서 항상 숨 쉬기가 어려운 건 아니야. 가끔씩 호흡 곤란이 찾아오는데, 이렇게 천식이 빠끔 얼굴을 내미는 것을 천식 발작이라고 해. 천식 발작이 오면 기도가 부풀어서 공기가 폐로 들어가기 어려워지지. 다음에 빨대를 사용하게 되면 빨대로 숨을 들이마셔 보렴. 작은 구멍으로 숨 쉬는 것이 얼마나 힘든지 알 수 있을 거야. 천식 발작이 일어나도 마찬가지거든. 자, 이제 빨대로 숨 쉬는 건 그만두고 밀크셰이크나 마셔. 천식을 앓으면 가슴이 답답해질 수 있고, 기침할 때와 숨 쉴 때 휘파람 소리가 나기도 해.

천식의 원인은 나도 잘 모르지만(그렇다고 내가 쓸모없는 인간은 아니야. 이건 아무도 모른다고!) 가족 중에 천식을 앓는 사람이 있을 때 잘 걸리고 습진이나 알레르기성 비염 같은 질병을 앓는 사람들에게 많이 나타나기도 해. 천식 환자에게는 저마다 발작을 일으키게 하는 원인이 있는데, 이것을 **유발 원인**이라고 불러. 주로 먼지나 꽃가루, 동물의 털 등이 유발 원인이 되지. 이런 경우라면 침구를 자주 갈거나, 카펫을 치우거나, 꽃가루가 날리는 계절에는 밖에 나가지 않거나, 동물의 털을 피하면 도움이 될 거야. 그렇다고 반려동물의 털을 다 밀어 버리라는 말이 아니라, 반려동물을 방에 들어오지 못하게 하라는 뜻이야. 방금 들었니? 피핀이 안도의 한숨을 쉬었거든.

발작의 다른 유발 원인으로는 운동이나 추운 날씨, 향수, 버섯 등을 꼽을 수 있어.(솔직히 버섯은 유발 원인이 아니야. 어린 시절에 나는 교과서에 버섯을 먹으면 안 된다고 나와 있다면 얼마나 좋을까 하고 늘 생각했거든. 그러면 엄마에게 보여 주고 버섯을 먹지 않아도 되잖아. 그러니까 너도 버섯을 먹기 싫다면 들볶는 어른들에게 이 책을 보여주렴. 하지만 괄호 안의 이 내용은 가려야겠지?)

천식은 보통 흡입기로 치료해. 혹시 학교에서 친구가 흡입기를 사용하는 모습을 본 적이 있니? 흡입기의 종류는 여러 가지야. 예를 들어 발작이 일어났을 때 기도를 넓혀 주는 파란색 흡입기도 있고 매일 사용해서 발작을 예방하는 갈색 흡입기도 있어. S자 모양으로 휘어져서 여러 개의 버튼이 달려 있고 끝으로 갈수록 넓어지는 금색 흡입기도 있…… 잠깐, 이건 색소폰이네.

천식을 앓는다고 인생이 끝나는 건 아니야. 축구 선수 데이비드 베컴, 수영 선수 박태환처럼 유명한 운동선수들과 세상에서 가장 잘생긴 남자(나)까지 천식을 앓고 있거든.

기흉

자전거 바퀴에 구멍이 나서 갑자기 바람이 샐 때가 있지? 가끔 우리 폐에도 똑같은 일이 일어난단다. 이것을 기흉이라고 부르지. 기흉의 원인은 정확히 알 수 없지만 주로 키가 크고 마른 남자한테 생기거든. 혹시 그런 친구들이 농구를 잘한다고 누군가 샘나서 복수하는 건 아닐까? 기흉이 생기면 숨쉬기가 힘들어지고 가슴 한쪽에 갑작스런 통증이 생겨. 대개는 병원에 가야 하지. 구멍난 폐는 자전거 바퀴처럼 고무 패치와 펌프로 고칠 수가 없으니까. 기흉은 저절로 낫기도 하지만 어떤 경우엔 산소마스크를 써야 할 수도 있어. 가끔은 (혹시 비위가 약하다면 다음으로 건너뛸 것) 의사가 가슴을 바늘로 찔러서 폐에서 새어 나온 공기를 빼내야 한단다.

청진기

호흡에 문제가 생겨서 병원에 가면 의사가 가슴에 청진기를 대고 소리를 들어 볼 거야.(그러지 않는다면 의사 면허증을 보여 달라고 해. 도넛 가게 같은 데 잘못 들어간 거 아닌지 간판을 다시 확인해 보고.) 청진기가 무엇인지는 알지? 한 쌍의 이어폰에 긴 줄이 연결되어 있고 그 끝에는 원판이 달린 Y자 모양의 기구 말이야. 의사들은 폐에 청진기를 대고 천식처럼 쌕쌕거리는 소리가 들리는지, 아니면 다른 염증이 있어서 부자연스러운 소리가 들리는지 확인해 본단다. 심장이나 배, 그밖에 재밌는 소리를 내는 몸의 다른 부분에도(물론 '거기'는 빼고) 청진기를 사용할 수 있어.

케이의 쿵쿵쿵

❓ 우리는 얼마나 오랫동안 숨을 참을 수 있을까

그리 길지 않아. 기껏해야 30초에서 1분 사이? 그보다 오래 참으면 위험해지거든. 우리 몸은 혈액에 이산화탄소가 쌓이는 것을 좋아하지 않으니까. 이산화탄소가 너무 많이 쌓이면 기절할 수도 있어. 그런데 혹시 네가 대왕고래라면 1시간 반쯤은 숨을 참을 수 있을 거야. 식구들이 지독한 방귀를 자주 낀다면 꽤 도움이 되겠지?(내가 확인해 봤는데 고래도 방귀를 뀌더라고. 고래 방귀 냄새는 어떤지 모르겠지만 글쎄…… 썩 좋지 않겠지?)

> 아무래도 노트북을 수리점에 맡겨야겠어. 키 ㅏ…… 이런, 키가…… 이런 'ㄱ'키가 자꾸 말썽을 부리거든.

양쪽 폐가 모두 필요할까

어떤 사람들은 한쪽 폐만 갖고도 그럭저럭 행복하게 산단다. 겉으로는 전혀 티가 나지 않을 거야.(가슴에 난 커다란 흉터를 드러내지 않는다면.) 흔한 경우는 아니지만 심하게 다치거나 폐암에 걸리면 치료를 위해 한쪽 폐를 제거하기도 하거든. 프란치스코 교황도 청소년 시절에 한쪽 폐를 제거했는데 지금까지 훌륭하게 교황 일을 하고 있잖아.

딸꾹질은 왜 할까

딸꾹질은 횡격막이 움씰거려서 기관(숨통)으로 공기가 아주 빠르게 들어갔을 때 일어나. 딸꾹! 음식을 너무 빨리 먹거나 탄산음료를 너무 많이 마셨을 때도 딸꾹질이 나지. 딸꾹! 긴장하거나 흥분했을 때 나기도 하지만…… 이유 없이 딸꾹질이 나는 경우도 많아. 대개는 저절로 멈추고, 숨을 참으면 멈추기도 해.(단, 숨을 너무 오래 참으면 딸꾹질보다 더 큰 문제가 생길 테니 조심하도록.) 아주 드물긴 하지만 딸꾹질이 멎지 않아서 치료를 받는 경우도 있어. 찰스 오스본이라는 사람은 68년 동안 쉬지 않고 딸꾹질을 했대. 식구들이 정말 짜증났겠지? 딸꾹! 딸꾹! 딸꾹!

참일까, 똥일까?

**우주 비행사들은 숨을 쉴 때
오줌을 들이마신다.**   ☑ 참   ☐ 똥

우주에는 산소가 없기 때문에 우주 정거장에 있는 우주 비행사들은 산소를 직접 만들어야 해. 물에서 산소를 얻는 건 그리 복잡하지 않아. H_2O(물의 분자식)를 깔끔하게 H(수소)와 O(산소)로 분리하면 되거든. 하지만 마트에서 우주까지 물을 배송해 주지 않을 테니 우주 비행사들은 물 대신 다른 재료를 찾아야 하지. 예를 들면…… 오줌처럼. 아주 더럽지는 않을 거야. 먼저 오줌을 정화해서 쓸 테니까. 그래도 좀 그렇지? 우웩.

폐는 물에 뜬다.   ☑ 참   ☐ 똥

폐는 공기가 가득 들어 있는 쥐포 덕분에, 앗, 미안. 폐포 덕분에 우리 몸에서 유일하게 물에 뜨는 장기야. 누가 이런 사실을 발견했는지는 몰라도 장기들을 하나씩 수영장에 담가 보느라 좀 오싹하고 지저분한 하루를 보냈겠지?

참일까, 똥일까?

**삼키는 일과 호흡을 동시에
할 수 있다.** ☐ 참 ☑ 똥

후두덮개(기억하지? 기관 위에 있는 작은 덮개 말이야) 때문에 삼키기와 숨쉬기는 한꺼번에 할 수 없고 하나씩 번갈아 해야 해. 후두덮개는 감자칩 냄새만 들어와도 닫혀 버리거든.

5장

뇌

・・・

혹시 뇌에 대해 자주 생각해 보니? 잠시라도 뇌를 생각했다면…… 그 생각을 하는 것도 뇌란다. 좀 이상하지? 뇌에 대해서 한 번도 생각해 본 적이 없다면 간략하게 설명해 줄게. 뇌는 두개골 안에 들어 있는 슈퍼컴퓨터로, 우리가 하는 거의 모든 일을 조종해. 인간의 뇌는 지구상의 어떤 컴퓨터보다도 막강하거든. 100조 개의 연결로 이뤄져 있는데, 100조가 얼마나 큰 숫자인지 아니? 1000개의 은하에 있는 별들을 모두 합쳐야 100조가 될걸. 만약 영국 돈 100조 파운드쯤 갖고 있다면 지구상에 있는 집을 모조리 사들일 수 있을 거야. 지구가 탄생한 순간부터 날짜를 세도 100조에 이르지 못할걸. 그러니까 뇌는 정말, 정말, 정말 놀라운 존재라고. 가끔 양치질을 까먹는 '너의' 뇌도 마찬가지야.

출출해서 코를 후비거나 보기 싫은 동생을 화장실에 가두거나 어떤 책이 너무 지겨워서(설마 이 책은 아니지?) 방 저편으로 던져 버린다면 그런 일들은 모두 뇌가 결정하는 거야. 뇌가 몸에게 그렇게 하라고 지시를 내린 거지. 뇌는 어찌나 신비한지, 과학자들이 수천 년 동안 연구를 했는데도 여전히 밝혀지지 않은 사실이 엄청나게 많아. 뇌는 비밀이 아주 많고 그 많은 미스터리를 혼자 간직하고 있어. 솔직히 말하면, 그래서 뇌의 이야기로 한 단원을 채우기가 쉽지 않을 거야. 그래도 얘기를 쥐어짜 볼게. 그러니까…… 나의 뇌를 쥐어짜 보겠다고.

설마, 너의 뇌를 꺼내서 무게를 재어 본 적은 없겠지? 뇌는 대략 1.3킬로그램, 아이패드 4개와 비슷한 무게야. 뇌가 이렇게 쭈글쭈글한 건 최대한 욱여넣었기 때문이지. 매끈하게 펼쳐 놓으면 아마 베개만 할 거야.(혹시 모르니까 다시 한번 강조할게. 뇌가 정말 베개만 한지 확인해 보겠다고 뇌를 꺼내서 펼쳐 보지는 마. 부모님들이 나를 찾아와서 베개가 뇌 국물로 얼룩덜룩해졌다고 따지면 어떡하니?)

뇌의 이모저모

만화에 나오는 뇌는 질척하고 기괴한 데다 쪼글쪼글하고 징그러운 덩어리잖아. 내가 신나는 소식을 전해 줄게. 뇌는 실제로 그런 모습이 맞아.

뇌의 주요 부분, 그러니까 줄줄이 소시지를 포개놓은 것처럼 징그럽게 생긴 부분 있잖아. 그 부분을 대뇌라고 불러. 대뇌는 오른쪽과 왼쪽으로 나뉘어 있는데 신기하게도 오른쪽과 왼쪽이 몸의 반대쪽을 조종한단다. 예를 들어 왼쪽 콧구멍과 왼쪽 팔꿈치는 오른쪽 뇌가 조종하고 오른쪽 발목과 오른쪽 엉덩이는 왼쪽 뇌가 조종하지.

대뇌는 수많은 엽으로 이뤄져 있어. 이름이 이상하지? 엽. 엽, 엽, 엽. 마치 낙엽에서 '낙'자를 뺀 것 같잖아. 딴 얘기 좀 그만하자. 내 뇌야……. 어디까지 했더라? 맞다, 엽. 엽들은 제각기 다른 역할을 맡고 있어. 다행이지 뭐야. 뇌는 할 일이 엄청 많으니까 역할을 분담하는 게 좋겠지.(너희 선생님도 일거리를 줄이려고 너희들에게 교실 청소를 시키잖아.)

전두엽: 뇌 앞쪽에 위치한 엽이야.(앞 '전前', 머리 '두頭' 자를 써서 머리 앞쪽에 있다는 뜻이거든. 클라이브의 이름 위원회가 아주 창의적이지는 않은 것 같아.) 전두엽은 생각하고, 말하고, 움직이는 일을 맡고 있어. 꽤 중요하다는 뜻이지.

측두엽: 머리 양쪽 옆면, 즉 측면에 위치한 부분이야.(역시 조

금 게으른 이름이군.) 측두엽은 소리를 듣거나 사람들의 얼굴을 알아보는 일을 맡고 있어. 측두엽이 없다면 매일 아침 식탁에 앉을 때마다 낯선 얼굴들을 마주하게 되겠지?

두정엽: (이제야 조금 창의적인 이름이 나오네.) 두정엽은 측두엽 위에 있고 통증과 촉각 같은 것을 처리해.

후두엽: 뇌 뒤쪽에서 시각을 맡고 있어. 그런데 눈에 가까이

있지 않고 뒤통수 쪽에 있다니 조금 이상하지 않니? 아무래도 우리 몸은 '뇌를 만드는 방법' 안내서를 거꾸로 읽은 모양이야.

그리고 대뇌의 사랑스러운 엽들과 사이좋게 협조하는 부분들이 몇 개 더 있어. 중요한 부분 몇 군데를 살펴보자.

소뇌: 뇌의 맨 아래쪽에 있는 쪼글쪼글한 호두인데, 균형을 잡도록 도와줘.(진짜 호두가 아니라 호두처럼 생겼다는 뜻이야.)

뇌줄기: 대뇌가 징그럽고 기이한 회색 꽃이라고 생각한다면 뇌줄기는 그 꽃을 받치고 있는 줄기야. 뇌줄기는 우리가 생각하지 않아도 저절로 하게 되는 '불수의 운동'을 맡고 있어. 예를 들면 숨쉬기 같은 거. 어머, 나 때문에 숨쉬기를 의식하게 됐다고? 금방 다시 잊어 버릴걸. 그러면 뇌줄기가 다시 잊지 않고 숨을 쉬게 해 줄 거야. 뇌줄기는 심장 박동을 유지해 주고 그 밖에도 자동으로 하게 되는 여러 가지 일을 알아서 처리해 주거든. 초콜릿 케이크나 여우 똥을 보고 침을 흘리는 것도(네가 피핀이라면 말이야) 뇌줄기 때문이지. 그뿐만이 아니야. 뇌줄기는 '싸울 것인가 도망칠 것인가'를 결정하는 '투쟁 도피 반응'을 담당한단다. 예를 들어 네가 잠에서 깨어 보니 방안에 사자가 있다고 상상해 보자. 그 순간 너의 뇌는 방안에 남아서 사자와 싸울 것인지(투쟁) 아니면 부리나케 도망칠 것인지(도피. 나는 도피를 추천하겠어)를 결정하지. 겁이 날 때 심장이 더 빠르게 뛰고 숨이 차는 것도 바로 이 반응 때문이야. 도망치는 쪽을 택하면 다리 근육을 빠르게 움직여야 하니까 뇌줄기가 그때를 대비해 네 몸에 산소를 최대한

끌어오거든!

해마: 하마랑 비슷하냐고? 전혀. 왜 이런 이름을 지었는지 모르겠어. 해마는 기억을 잊지 않도록 도와줘. 혹시 네가 하마를 본 일을 기억한다면 해마 덕분이지.

시상 하부: 배가 고프니? 목이 마르다고? 졸리다고? 그렇다면 시상 하부가 줄을 당기고 있기 때문이야. 아니, 정말 줄을 당기는 건 아니고 신호를 보낸다는 뜻이지. 네가 꼭두각시는 아니니까.

혈액 뇌 장벽: 우리의 뇌는 아주 중요하기 때문에 위험 물질이나 독성 물질이 혈액을 타고 몰래 들어오는 것을 막아야 해. 혈액 뇌 장벽이 이런 역할을 하지. 이 장벽은 마법의 투명 망토처럼

뇌를 완전히 에워싸고 있어. 100년 전에 이 장벽을 발견한 과학자는 동물의 혈액에 보라색 염색약을 넣어 봤대.(우웨엑!) 그랬더니 다른 장기는 모두 보라색으로 염색되었는데(으아아악!) 뇌만 변하지 않았다는 거야. 그래서 뇌가 장벽으로 에워싸여 있다는 사실을 알아냈지.

편도체: 설마, 너는 화를 내본 적이 없겠지? 설마, 그럴 리가. 에이, 거짓말. 그래도 만에 하나 화가 난 적이 있다면 그건 편도체 때문이야. 앞으로 화가 치밀어 오르면 편도체한테 따지렴. 편도체는 분노뿐 아니라 두려움도 담당하고 있어. 그러니까 혹시 좀비가 네 과자를 훔친다면 편도체가 무척 바빠지겠지?

신경계

엇, 뒷자리에 앉은 친구가 발로 툭툭 쳐서 신경이 쓰인다고? 앞자리에 앉은 친구가 자꾸 혀를 내밀어서 신경질이 난다고? 여기서 말하는 신경은 조금 달라. 신경계를 이루는 신경은 우리 몸에서 뇌와 전기 신호를 주고받게 해 주는 가느다란 전선과 같아. 혈관처럼 온몸에 뻗어 있지.

혹시 부모님께서 네가 신경을 박박 긁는다고 하시면 우리 몸에는 약 150억 센티미터의 신경이 있다고 알려드리렴. (주의! 부모님이 더 화내실 수도 있음.)

우리의 뇌는 몸에 지시를 내릴 때 주로 척수로 메시지를 내려 보내. 뇌부터 엉덩이까지 등줄기로 이어진 울퉁불퉁한 뼈를 척추라고 하는데, 척추 속에는 네 손가락만 한 굵기의 신경 다발이 들어 있어. 이것을 척수라고 불러. 척수를 타고 내려간 메시지는 거기에서 다시 말초 신경으로 전달돼.

말초 신경은 뇌와 척수 바깥에 있는 신경을 모두 통틀어 부르는 이름으로, 우리 몸 구석구석과 메시지를 주고받게 해 주지. 혀를 내밀거나 손을 흔들고 싶을 때에도 말초 신경 1개를 (혹은 12개를) 사용한단다. 말초 신경은 여러 가지 섬유로 이뤄져 있어. 마치 하나의 케이블 안에 여러 가닥의 전선이 들어가 있듯이 말이야.(이걸 확인하려고 텔레비전 케이블을 끊어 보면 안 돼. 위험하기

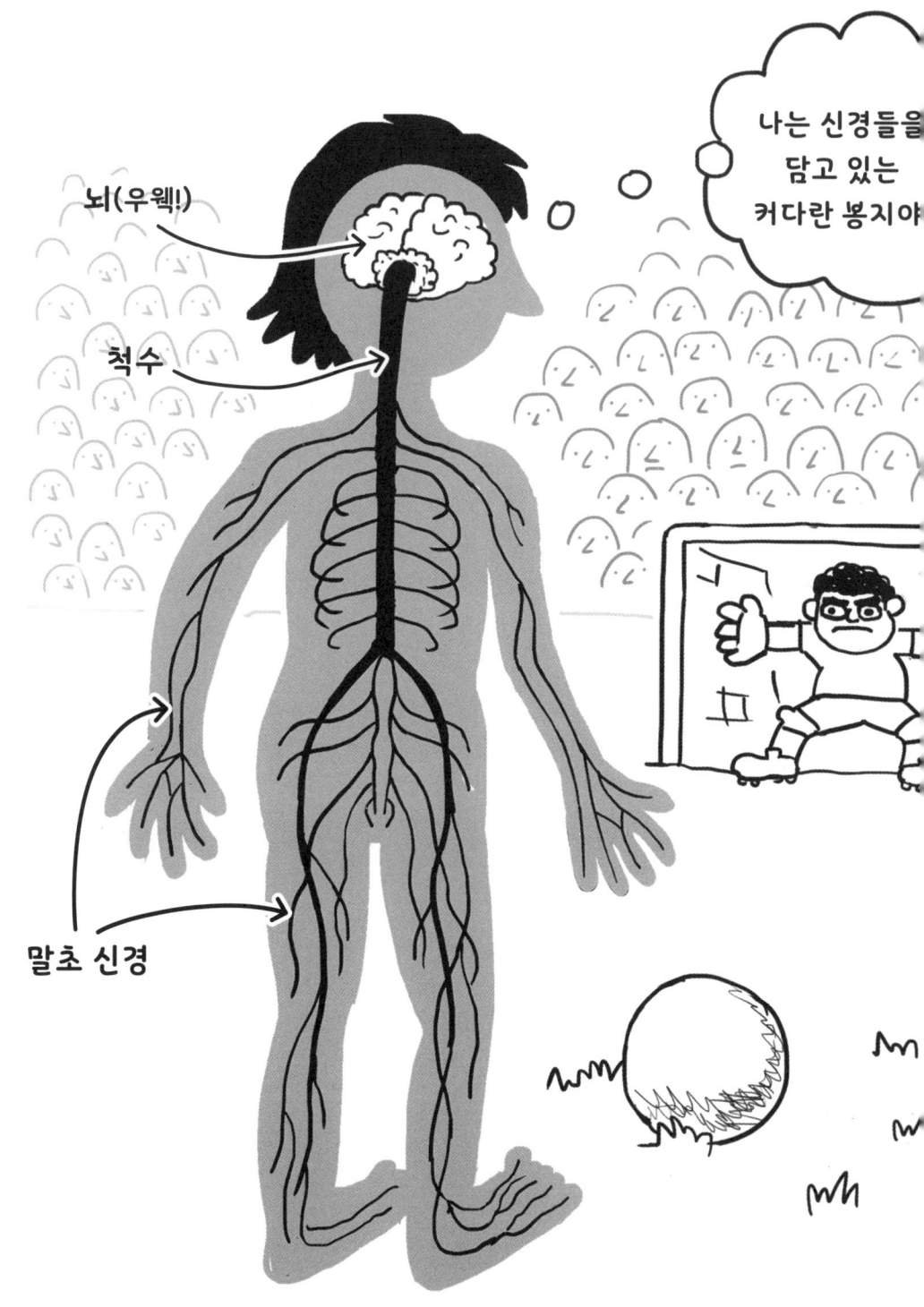

도 하지만 무엇보다도 텔레비전을 볼 수 없게 되잖아.) 어떤 섬유는 척수에서 무언가를 움직이라는 메시지를 받아 전달하고, 또 어떤 섬유는 이와 반대로 뇌에 보고하라는 메시지를 전달하기도 해.

예를 들어 발가락을 꼼지락거리고 싶다면…… 대뇌의 전두엽이 척수 끝으로 메시지를 보내고, 척수는 그 메시지를 좌골 신경이라는 말초 신경으로 보내. 좌골 신경이 다리를 통해 비골 신경이라는 또 다른 말초 신경으로 메시지를 전달하면 짜잔! 발가락 하나가 움직이지! 그런데 잠깐 딴생각을 하는 사이에 꼼지락거리던 발가락이 실수로 선인장에 닿았다면 어떻게 될까? 신경 하나가 다른 신경 섬유들을 통해 척수로 '선인장' 소식을 올려 보내고 척수는 이를 곧장 뇌로(정확히 말하면 두정엽으로) 전달해서 발가락이 아프다는 소식을 전해 준단다. 아얏! 그러고 나면 너는 앞으로 선인장 근처에서 발가락을 꼼지락거리지 않겠지?

이 모든 일이 어떻게 순식간에 일어나냐고? 신경은 엄청나게 빠르거든. 시속 약 400킬로미터로 메시지를 전달해. 고속도로 최고 속도의 세 배가 넘는 속도지. 혹시 네가 발가락을 꼼지락거릴 때 교통경찰이 보고 있었다면 과속으로 걸릴지도 모르겠다.

살아 있는 생명체를 현미경 아래에 놓고 확대해 보면 세포들이 보일 거야. 세포의 종류는 아주 다양해. 모두 작지만 저마다 다른 역할을 맡고 있지. 피부는 피부 세포로 이뤄져 있어. 피는 혈액 세포, 즉 혈구로 이뤄져 있고. 뇌는? 뇌세포? 아니야! 뇌는 뉴런이라고 하는 신경 세포로 이뤄져 있어. 틀렸으니까 저기 웅덩이에 가서 30분 동안 앉아 있어. 뉴런은 내가 가장 좋아하는 세포야.(신장 세포한테 얘기하지 마. 삐칠지도 모르니까.) 이유

는…… 뉴런이 가장 멋지게 생겼거든. 꼭 정신 나간 외계인 세포 같다니까. 게다가 어떤 신경 세포는 아주 거대해. 세포 하나가 팔이나 다리만큼 길거든!

어쩐지 세포는 아주 작을 것만 같지? 하지만 길이가 연필 한 자루만 한 타조 알도 사실은 세포 하나로 이뤄져 있어!

조금 다른 뇌가 있다고?

주의력 결핍 과잉 행동 장애ADHD

네 주변 친구들 가운데 주의력 결핍 과잉 행동 장애, 영어로 에이디에이치디ADHD라는 질환을 가진 사람이 있을지도 모르겠다. 이런 친구는 수업 시간에 가만히 앉아서 집중하는 일을 유난히 어려워해. 넋 나간 얼굴을 하고 있거나 남들보다 기억력이 떨어지기도 하고. 우리는 모두 다르게 생겼으니까 우리 머릿속 뇌도 조금씩 다르겠지? 성공한 사람들 중에도 ADHD를 가진 사람이 많아. 저스틴 팀버레이크(유명한 가수)와 시몬 바일스(올림픽 금메달리스트) 그리고 월트 디즈니(아마도 만화를 만든 사람일걸)도 이런 뇌를 가졌거든.

자폐증

혹시 자폐아라고 들어 봤니? 자폐증의 증상은 여러 가지고 사람에 따라 증상이 더 심한 경우도 있어. 자폐아는 낯선 사람을 만나거나 친구 사귀는 일을 유난히 어려워하고 때로는 다른 사람의 생각이나 감정을 이해하지 못해. 감정을 제대로 전달하지 못하고 농담을 못 알아들을 때도 있지. 그리고 매일 똑같은 일을 되풀이하는 걸 좋아한단다. 자폐아라고 해서 남들보다 똑똑하지 않은 건 아니야. 자폐아들은 여러 분야에서 뛰어난 재능을 보이기도 하거든. 그저 남들보다 어떤 일은 조금 더 잘하고 또 어떤 일은 조금 더 못할 뿐이지. 우리 모두가 그렇잖아.

뇌전증

뇌전증은 가끔 발작을 일으키는 병이야. 발작이 일어나면 쓰러져서 온몸을 떨거나 몸의 한 부분을 마구 움직이기도 하고 때로는 꼼짝없이 몇 분 동안 앞을 응시하거나 말을 더듬기도 해. 하지만 늘 발작을 하는 건 아니야. 많으면 두세 달에 한 번쯤이지. 발작을 일으키는 이유는 뇌의 신경 세포들이 지나치게 흥분해서 갑자기 엉뚱하게 신호를 보내기 때문이야. 이런 발작은 약으로 예방할 수도 있어. 혹시 주위에서 누가 발작을 일으키면 그냥 지나치지 말고 빨리 어른에게 도움을 청하렴.

난독증

글을 읽고 쓰는 데 문제를 겪는 사람들도 많아. 때로는 학교에서 특별한 도움을 받아야 하지. 하지만 지능과는 아무 상관이 없어. 그저 눈에 보이는 글씨를 뇌가 낱말로 바꾸지 못해서 일어나는 증상이야. 이것을 난독증이라고 불러. 역사상 가장 성공한 사람들도 난독증을 겪었단다. 그러니까 난독증을 가진 친구도 존 레논 같은 유명한 가수나 스티븐 스필버그 같은 유명한 영화감독, 또는 조지 워싱턴 같은 대통령이 될 수 있다니까. 난독증이라는 이름이 어렵다고? 더 헷갈리게 해줄까? 뇌의 작동 방식이 조금 달라서 일어나는 증상 가운데 '난'자로 시작해서 '증'자로 끝나는 것이 하나 더 있거든. 바로 **난산증**이야. 난산증은 숫자를 다루는 데 어려움을 겪는 증상이야. 그리고 비슷한 원인으로 일어나는 증상 가운데 협응에 문제가 생기는 **행동 곤란증**이 있어. 협응이란 서로 다른 근육들이 조화롭게 움직이는 것을 말한단다.

수면

세상 사람들을 두 부류로 나누면 한쪽은 이불을 너무 사랑해서 대낮이 될 때까지 행복하게 코를 고는 부류고, 다른 한쪽은 잠이 '따분하다'며 잠자리에 드느니 차라리 미지근한 구토 한 잔을 마시겠다고 생각하는 부류지.(나는 드르렁거리는 잠꾸러기 쪽이야. 사실은 지금도 침대에서 글을 쓰고 있거든.) 하지만 좋든 싫든 누구나 잠을 자야 해. 잠은 아주 중요하거든. 잠을 자야 에너지가 다시 충전되니까.
하루 종일 걸어 다녔
거나 (혹시 네가 고질라라서) 높
은 빌딩들을 부쉈다면 쑤시는 근육도 쉬게
해 주고 불쌍한 너의 뇌도 휴식하게 해 주렴.

해달은 잠을 잘 때 가족이나 친구가 물살에 떠밀려 가지 않도록 서로 손을 잡고 잔대. 어쩜…… 너무 귀엽지 않니?

　하지만 우리가 깊이 잠들어 우리 몸이 대기 모드에 들어가더라도 우리 뇌는 깨어 있을 때보다 속도가 조금 느려질 뿐 여전히 일을 한단다. 하루 종일 보고 겪은 것들을 훑어보면서 오래도록 보관할 중요한 기억(예를 들면 학교에서 배운 것)과 쓰레기통에 던져 넣을 잡동사니(이를테면 염소가 재채기하는 유튜브 영상)를 분류하거든. 때로는 중요한 기억을 지워 버리고 쓸데없는 기억을 보관하기도 하지. 과학자들은 이러한 과정에서 우리가 꿈을 꾼다고 생각해. 간단히 말하면 우리가 인스타그램 사진을 훑어보듯이 우리 뇌가 하루 종일 눈으로 본 장면들을 아주 빠르

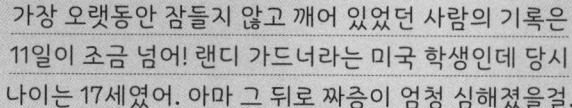

가장 오랫동안 잠들지 않고 깨어 있었던 사람의 기록은 11일이 조금 넘어! 랜디 가드너라는 미국 학생인데 당시 나이는 17세였어. 아마 그 뒤로 짜증이 엄청 심해졌을걸.

게 스크롤하는 것이 꿈이라는 뜻이야. 하지만 과학자들의 의견일 뿐 아직 아무도 확실하게 알지 못해. 네가 알아내면 어떨까? 만약 성공해서 노벨상을 받게 되면 수상 소감 얘기할 때 내 덕분이라고 덧붙이는 거 잊지 마.

우리가 확실하게 아는 것 한 가지는 파리가 방귀를 뀌어도 깰 만큼 얕은 잠에서부터 절대 깨지 않는 깊은 잠에 이르기까지 수면의 깊이가 다섯 단계로 나뉜다는 사실이야. 꿈을 꾸는 단계는 렘REM수면이라는 선잠의 단계야. 렘수면의 렘은 영어로 '급속 안구 운동Rapid Eye Movement'의 줄임말로, 마치 테니스 경기를 빠르게 돌려 볼 때처럼 눈동자가 마구 움직이는 수면 상태를 말해. 잠을 충분히 자지 못하면 다음날 제대로 활동하기가 어려울걸. 정신을 집중하거나 새로운 것을 배우기 어렵고 짜증이 심해지기도 해.(너뿐 아니라 모두가 마찬가지야. 미안, 너희 부모님이 방금 내게 이메일을 보내셨네. 특히 '너의' 짜증이 심해진다고 하시는데?) 그러니까 어서 자렴! 앗, 잠깐. 읽던 건 마저 읽어야지. 이 단원만 끝내고 자렴.

5장 · 뇌

기억

뇌는 수없이 많은 일을 하는데, 그중에는 마치 거대한 하드 디스크처럼 수많은 기억을 저장하는 일도 있어. 네가 지금까지 해온 모든 일을 하나도 빠짐없이 기억할 수는 없겠지만(작년 3월 3일에 아침 식사로 뭘 먹었지?) 그래도 중요한 일은 제법 잘 기억할 거야.(예를 들면 너희 집 주소나 네가 버섯을 싫어한다는 사실.) 가끔은 아주 어릴 때 갖고 놀던 장난감을 알아보거나 네 살 때 이후로는 들어 본 적도 없는 노래의 가사가 떠올라서 깜짝 놀라기도 할 거야.

너의 기억력은 이런 것들을 보관하는 데 아주 뛰어나거든. 뇌에서 모든 기억을 저장하는 부분이 어디라고 했더라?(벌써 까먹다니! 네 기억력이 뛰어나다는 말 취소하겠어.) 다시 한번 알려 줄 테니까 잘 들어. 해마잖아.

어른들이 방에 들어갈 때마다 "내가 여기 왜 왔더라?" 하거나 매일 1시간씩 안경을 찾으러 다니는 거 봤지? 왜 그런지 아니? 누구의 잘못도 아니야. 나이를 먹을수록 해마가 작아져서 기억력이 떨어지기 때문이지. 더 나이가 들면 기억력에 큰 문제가 생기기도 해. 이런 병을 치매라고 불러. 치매에 걸릴 위험을 줄이려면 꾸준히 움직여야 해. 몸뿐 아니라 뇌도 함께 말이야. 퍼즐 맞추기를 하면 신경 세포들의 근육을 키울 수 있을 거야.(나는 12분쯤 근육 운동을 하면 온몸이 땀으로 범벅이 돼서 지쳐 쓰러지지만 뇌는 그러지 않는단다.)

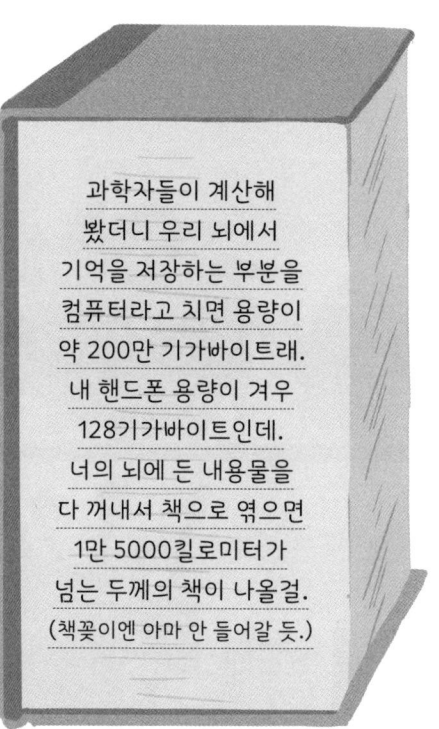

과학자들이 계산해 봤더니 우리 뇌에서 기억을 저장하는 부분을 컴퓨터라고 치면 용량이 약 200만 기가바이트래. 내 핸드폰 용량이 겨우 128기가바이트인데. 너의 뇌에 든 내용물을 다 꺼내서 책으로 엮으면 1만 5000킬로미터가 넘는 두께의 책이 나올걸. (책꽂이엔 아마 안 들어갈 듯.)

감정

밸런타인데이 카드에는 심장을 상징하는 하트가 잔뜩 그려져 있지만 사실 우리의 감정은 가슴이 아니라 질척한 뇌에서 나와. 여기서 감정이란 (아이패드를 잃어 버렸을 때 느끼는) 슬픔이나 (아이패드를 다시 찾았을 때 느끼는) 행복, (너희 집 강아지가 아이패드를 훔쳐가서 침으로 범벅을 해 놓았을 때 느끼는) 짜증, (강아지가 아무리 지저분해도 역시 사랑스러워서 느끼는) 애정 따위의 느낌이야.

누구나 슬플 때도 있고 화가 날 때도 있지만 어떤 사람들은 이해받기 어려운 이유로 오랫동안 슬픔에 시달리기도 해. 이런 증상을 우울증이라고 하는데, 아주 흔한 정신 질환이야. 우리 몸의 모든 세포는 이따금 힘든 시기를 겪게 마련이거든. 뇌의 신경 세포도 예외는 아니야. 육체적인 질병과 마찬가지로 정신 질환 역시 누군가의 잘못으로 일어나는 일이 아니란다. 우울증은 전문가와 대화해서 치료하기도 하고(상담 치료라고 해) 저절로 나아지는 경우도 있어. 때로는 약을 먹어야 낫기도 하지.

불안

우리는 누구나 걱정을 안고 살아가잖아. 시험을 걱정하기도 하고 자기 축구팀이 질까 봐 걱정하기도 하지. 로봇 도우미가 고장 나서 욕실을 다 부숴 놓지 않을까 걱정하기도 하고. 이런 걱정도 모두 뇌가 하는 일이야. 사실 걱정은 뇌의 커다란 단점이라고 할 수 있지.

불안 장애: 학교생활이나 일상생활을 제대로 할 수 없을 만큼 심한 불안을 느끼는 질환이야. 불안 장애는 아주 흔하단다. 혹시 너도 심한 불안을 느낀다고 생각하니? 그렇다면 혼자 고민하지 말고 반드시 어른과 상의하렴.

공황 발작: 갑작스레 걱정에 휩싸여서 몸이 강력하게 반응하는 질환이야. 기절할 것 같은 기분이 들거나 열이 오르고 땀이 나거나 속이 메슥거리고 숨이 차기도 하지. 몸이 떨리거나 심장이 빠르게 뛰기도 해. 뜬금없이 위협을 받는다고 느껴서 뇌가 도망칠까 고민하기 때문이야. 공황 발작은 무시무시하게 느껴지지만 위험하지 않고 금세 사라진단다.

공포증: 그리 무섭지 않은 것을 심하게 무

서워해서 공황 발작과 비슷한 증상을 일으키는 질환이야. 공포증의 대상은 여러 가지야. 거미를 두려워하는 사람도 있고 치과 진료나 높은 곳, 세균, 사람들 앞에 서는 일을 두려워하는 사람도 있어. 두려운 대상을 피하기 위해 삶의 방향을 완전히 바꾸는 사람도 많아. 상담 치료를 받으면 도움이 될 거야. 공포증을 완전히 극복하지는 못해도 별 탈 없이 살아가는 법을 배울 수 있거든. 거미에 대한 두려움은 거미 공포증, 작은 공간에 대한 두려움은 밀실 공포증, 공포증에 대한 두려움은 공포 공포증이라고 불러.

　나는 높은 곳을 아주 무서워하거든. 다리를 건너거나 에스컬레이터를 타고 내려갈 때 두려움을 느껴. 솔직히 말하면 아무한테도 얘기한 적 없는데 이렇게 털어놓아도 나쁘지 않은걸. 무언가를 두려워한다는 사실을 아무에게도 얘기하지 않는 사람도 많아. 상대방이 어떻게 생각할지, 또는 뭐라고 말할지 걱정하기 때문이지. 하지만 내가 장담하는데, 그런 걸로 너를 평가하는 사람은 없어. 오히려 모두가 도와주고 싶어 할 거야.

> 우리 뇌는 전구를 밝힐 수 있을 만큼의 에너지를 만들어 내. 과학자들은 이런 사실을 어떻게 알아냈을까? 어쨌든 내 뇌로 실험하지 않아서 어찌나 다행인지…….

뇌졸중

심장으로 가는 혈관이 막히면 심장 마비가 일어나듯이 뇌에 혈액이 공급되지 않으면 뇌졸중이 일어나. 뇌의 혈관이 터지거나 막히면 뇌에 혈액이 제대로 공급될 수 없잖아. 뇌는 여러 가지 중요한 임무를 수행하기 위해 끊임없이 산소와 연료를 필요로 하는데, 잠깐이라도 혈액 공급이 끊기면 위험한 상황이 벌어지지. 주변에서 누가 뇌졸중을 일으켰다면 당장 구급차를 불러야 해. 뇌졸중은 주로 할머니나 할아버지에게 일어나. 가끔 젊은 사람에게도 일어나지만 이런 경우는 아주 드물어. 뇌졸중이 일어나면 갑자기 팔이나 다리에 힘이 빠지고 말이 어눌해지거나 시야가 흐려지기도 해.

마약

마약을 약물이라고 부르기도 하는데, 약물은 우리 몸에 흡수되어 어떤 식으로든 몸의 기능을 바꿔 놓는 물질을 모두 아우르는 말이야. 아플 때 먹는 약도 약물이지. 하지만 마약은 법이 허락하지 않는 약물로, 뇌의 신경 세포들이 메시지를 전송하는 방식을 바꾸어 무언가를 느끼거나 생각하는 방식에 변화를 일으켜. 마약의 종류는 여러 가지야. 담배처럼 피우는 마리화나도 있고 엑스터시 같은 가루나 알약도 있어. 마약은 순간적으로 기분을 바꿔 주기 때문에 중독으로 이어지기 쉽단다. 하지만 법이 마약을 허락하지 않는 이유는 간단해. 위험하기 때문이지. 네가 좀 더 크면 마약을 해 본 사람을 만나게 될지도 몰라. 누군가가 너에게 마약을 권한다면 언제든 거절해도 괜찮아. 그럴 때 어떻게 거절할지 미리 생각해 놓아도 좋겠지? 다른 사람 핑계를 대는 것도 나쁘지 않아. 예를 들면 이렇게 말이야. "안 돼. 우리 아빠가 알면 죽는단 말이야." 혹은 "난 됐어. 내일 아침에 일찍 일어나서 우리 집 로봇 도우미를 고쳐야 하거든."

케이의 궁금증

왜 어떤 사람들은 휠체어를 타고 다닐까

> 컴퓨터 수리점에서 며칠 동안 예약을 받지 않는다지 뭐야. 어찌나 답답하던지. 하지만 곧 수리할 수 있어.

휠체어를 타고 다니는 이유는 아주 다양해. 예를 들면 척수를 다쳤을 때도 휠체어를 타야 해. 척수를 다치면 신경이 발까지 이어지지 않아서 뇌에서 보내는 메시지가 다리로 전달되지 않거든. 근육에 문제를 일으키거나(근이영양증) 신경에 문제를 일으키는(뇌성 마비) 질환을 갖고 태어나는 친구들도 있지. 이런 친구들도 우리와 마찬가지로 학교에 다닐 수 있고 어른이 되면 출근을 하거나 차를 운전할 수 있어. 무엇이든 할 수 있다니까!

잠을 얼마나 자야 할까

너희 같은 어린이는 매일 8시간에서 10시간씩 자야 해. 하지만 사람마다 달라. 확성기와 전구, 영사기를 발명한 토머스 에디슨은 하루에 겨우 4시간씩 잠을 잤거든. 이것저것 발명하느라 잠잘 시간이 없었나 봐.

좀 많이 자고도 성공한 사람이 있느냐고? 울트라 슈퍼 천재인 알베르트 아인슈타인은 하루에 10시간씩 잤단다.

아이스크림을 먹으면 머리가 찌릿해지는 이유는 뭘까

가끔 아이스크림을 먹거나 아주 찬 음료를 마시면 '뇌가 얼어붙는' 느낌이 들잖아. 갑자기 머리가 찌릿하면서 색색의 설탕 과자와 호두 조각(진짜 호두일까? 혹시 소뇌 조각이 아닌지 잘 살펴봐!)이 올라간 초콜릿 칩 쿠키 라즈베리 아이스크림을 한껏 음미할 수 없게 되지. 걱정 마. 정말 뇌가 얼어붙는 건 아니니까. 신경이 차가운 온도를 감지하고 잠시 헷갈려서 실수로 뇌에 통증 신호를 보낸 거야. 멍청한 신경 같으니.

왜 가끔 다리가 저릴까

핀이나 바늘로 쿡쿡 찌르는 것처럼 다리가 저릿저릿할 때가 있지? 어쩌면 정말로 누군가가 네 다리를 쿡쿡 찌르고 있을지도 몰라. 어쩌면 같은 자세로 너무 오랫동안 앉아 있거나 팔을 너무 오래 베고 있었기 때문일 수도 있고. 이런 자세로 신경을 압박하면 뇌와 발 또는 팔 사이의 통로가 막혀 버리거든. 네가 와이파이를 끊어버린 셈이지. 그러다 자세를 바꿔서 신경이 다시 움직이게 되면 조금 흥분해서 저릿저릿한 느낌이 드는 거야. 의사들이 쓰는 고상한 말로는 '감각 이상'이라고 불러.

참일까, 똥일까?

천재들의 뇌는 거대하다.   □ 참 ☑ 똥

뇌가 집채만 하면 어떤 시험에서든 만점을 받을 수 있을까? 그렇지 않아. 역사상 가장 똑똑한 인물에 속하는 과학자 알베르트 아인슈타인이 죽은 뒤에 그의 뇌 무게를 재어 봤더니 평균보다 더 작았거든.(그가 세상을 떠난 직후에 누군가가 그의 뇌를 훔쳤어. 혹시 학교에서 시험을 볼 때 사용하려고 했던 걸까? 아무튼 뇌가 사라졌다는 사실은 몇 년이 지난 뒤에야 밝혀졌지.) 네가 얼마나 똑똑한지 결정하는 중요한 요인 한 가지는 너희 부모님이 얼마나 똑똑한가 하는 거야. 내게는 슬픈 소식이지. 예전에 아버지가 전자레인지 시간을 맞추려고 1시간이나 끙끙거리는 광경을 봤거든.

뇌 수술을 받는 중에도 악기를 연주할 수 있다.   ☑ 참 □ 똥

이상하지? 하지만 뇌는 통증을 느끼지 않기 때문에 환자가 깨어 있는 상태에서도 뇌 수술을 할 수 있어. 최근에 어떤 환자는 뇌 수술을 받는 내내 바이올린을 연주했단다. 연주가 형편없었다면 의사들이 수술에 집중하기 어려웠을 텐데. 끼이익! 끼이익! 끼이익!

우리는 뇌의 10퍼센트만 사용한다.   □ 참 ☑ 똥

왜 많은 사람들이 이렇게 믿고 있는지 모르겠어. 우리 뇌에서 사용되지 않는 부분은 없거든. 질척질척한 회색 덩어리의 작은 주름 하나까지도 제각기 맡은 일이 있다니까.

참일까, 똥일까?

**우리 뇌는 피부처럼 저절로
나을 수 있다.**   □ 참   똥

안타깝게도 우리의 뇌는 저절로 치유되는 데에는 그닥 소질이 없어. 피부는 늘 새로운 세포를 만들어 내지만 뇌는 이미 갖고 있는 신경 세포에 만족해서 더 이상 세포를 만들어 내지 않거든. 그러니까 지금 가진 신경 세포들을 정성스레 보살펴야 하겠지? 그래서 자전거를 탈 때는 항상 헬멧을 써야 해. 머리 스타일이 조금 헝클어져도 참으라고.

저 구름은 나랑 똑같이 생겼네.
저 구름도 나랑 똑같이 생겼어.
저 구름도 나랑 똑같이…….

6장

털과 손톱, 발톱

∙ ∙ ∙

사람들은 머리카락에 신경을 많이 쓰지. 그렇지 않니? 항상 샴푸로 머리를 감을 뿐 아니라 머리칼이 정돈되고 좋은 냄새를 풍기도록 값비싼 제품을 사기도 하잖아. 두 달에 한 번쯤은 미용실에 가서 다듬기도 하고. 틀림없이 신장이 머리칼을 엄청 질투하고 있을 거야. 언제 신장에게 젤을 사주거나 신장을 신장 미용실에 데려간 적 있니? 물론 머리카락이 중요하긴 하지. 남들 눈에 가장 먼저 띄는 부분이니까. 뭐, 네가 아주 커다란 모자를 쓰고 다니거나 얼룩말을 타고 다니지 않는다면 말이야. 사실, 우리 머리를 덮고 있는 머리칼은 그저 부스스한 털이 아니라 여러 가지 기능을 한단다. 머리칼뿐 아니라 몸 곳곳에 나는 털도 중요한 일을 하지.

털의 정체는?

우리 몸에는 총 500만 가닥의 털이 있어. 500만이라면 서울 인구의 절반 가까이 되는 수야. 이야, 두 가지를 한꺼번에 배웠네. 추가 요금은 받지 않을게. 우리 몸을 덮고 있는 털 가운데 머리에

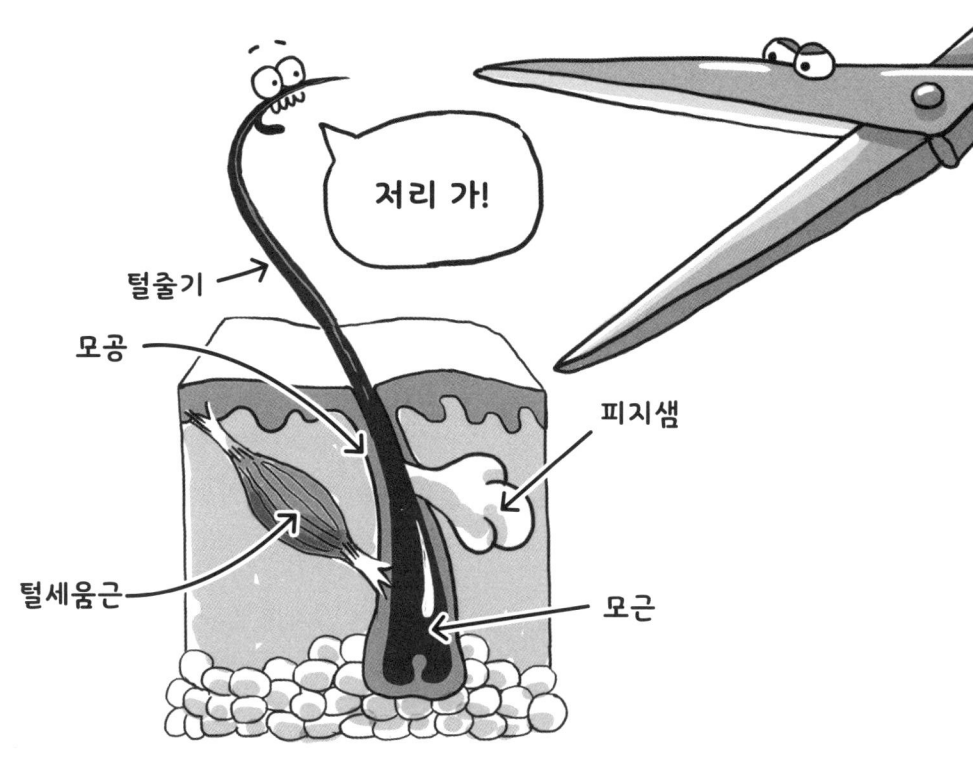

난 털, 즉 머리카락은 아주 일부분에 불과해(약 2퍼센트.) 그래도 다른 곳에 난 털은 머리카락만큼 눈에 잘 띄지 않으니까 다행이지 뭐야. 다른 털도 눈에 띄었다면 아마도 너는 내 강아지 피핀과 비슷한 모습이 아니었을까? 샴푸값도 엄청나게 들었을 거야.

털은 피부 속에 있는, 모낭이라는 작은 구멍에서 자라. 모든 털은 저마다 맨 아래 있는 뿌리, 즉 모근부터 자라나서 피부를 뚫고 올라오지. 털은 케라틴(각소)이라는 물질로 이뤄져 있어. 케라틴은 아주 강력한 물질이야. 말발굽과 코뿔소의 뿔도 케라틴으로 이뤄져 있거든. 우리 머리카락은 굉장히 질겨서 코끼리를 들어도 끊어지지 않을 거야.(설마 실험해 보는 건 아니겠지? 머리카락은 충분히 질기지만 두피는 견딜 수 없거든. 게다가 머리카락에 코끼리를 매달려면 크레인을 빌려야 할 거야. 코끼리가 썩 좋아하지 않을 텐데.)

모낭에는 작은 기름 제조기가 하나씩 붙어 있어. 이 기름 제조기는 (만약 네가 드라마 주인공이라면) 머리칼을 아름답고 윤기 나게 해 주거나 (만약 네가 현실 세계에 사는 평범한 사람이라면) 조금 기름지게 해 주지.

머리칼의 색은 유전된단다. 즉, 가족에게 물려받는다는 뜻이야. 그러니까 혹시 머리 색이 마음에 들지 않는다면 누구에게 따져야 하는지 알겠지? 혹시 부모님이 모두 너와 다른 머리색을 갖고 있다면 가족 앨범(종이 버전 인스타그램)을 잘 살펴봐. 아마 머리색이 너와 똑같은 증조할머니나 고조할아버지가 있을 거야. 머리칼의 색은 몇 세대를 건너뛰어 나타나기도 하거든!(주의! 아주 옛날 사진이라면 흑백이라서 소용없을지도 몰라.) 피부색과 마찬가지로 머리카락 색도 멜라닌이 결정해. 멜라닌이 많을수록 색이 더 어두워지지. 전 세계 사람들을 통틀어 가장 희귀한 머리색은 붉은색이야. 붉은색 머리칼을 가진 사람은 50명 가운데 한 명꼴이거든.(사실, 엄밀히 말하면 보라색과 은색 줄무늬가 더 희귀하겠지? 아니, 스프레이로 만든 색이 아니라 타고난 머리색 말이야.) 머리카락의 멜라닌은 열 살까지 계속 늘어나니까 커 가면서 머리색이 더 진해질 수도 있어. 혹시 네가 어릴 때 사진을 보고 왜 다른 색 가발을 쓰고 있을까 궁금해 할까 봐 얘기하는 거야.

머리카락과 털은 왜 있을까? 그저 장식용일까? 피부 단원에서 알려 줬는데 혹시 기억나니? 털이 독창적인 방법으로 몸을 따뜻하게 해 준다고 했잖아. 털은 아주 작은 근육으로 곧추서서 그 안에 공기층을 가두어 보온 효과를 낸다고 말이야.(기억 안 난다고? 그럼 뇌 부분을 다시 읽고 와. 아무래도 뇌가 헐거워진 것 같으니까.) 그뿐 아니라, 뜨거운 날에는 머리카락이 파라솔처럼 햇볕을 튕겨 내서 몸이 너무 뜨거워지는 것을 막아 주지. 참 영리하지 않니?

· 날씨에 따른 털의 변화 ·

몸의 여러 가지 털

눈썹

모자를 깜빡했다고? 걱정 마. 눈썹이 모자를 대신해 줄 테니까. 눈썹은 햇빛 가리개처럼 햇빛이 곧바로 눈에 닿는 것을 막아 주고 땀과 비가 눈에 들어가지 않게 해 주거든. 그래야 눈이 중요한 일에 집중할 수 있을 테니까. 예를 들면 이 책을 읽는 일. 사실은 네 코가 12개라는 거 알고 있었니? 몰랐다고? 그래, 거짓말이야. 그런데 코가 12개라는 문장을 읽고 혹시 눈썹을 치올리지 않았니? 놀랄 때 자연스레 나오는 행동이잖아. 인간은 언어가 만들어지기 전부터 이런 행동을 했는데, 오랜 세월이 지난 지금도 여전히 습관을 버리지 못했단다.

속눈썹

속눈썹은 그저 눈꺼풀의 장식이 아니야. 바람이 불어서 사방에 먼지가 날아다니면 넌 어떻게 하니? 사랑스러운 속눈썹이 먼지를 막아 주도록 눈을 가늘게 뜨잖아. 속눈썹은 마치 고양이의 수염처럼 눈에 침투하려는 적을 살피다가 위험이 다가오면 눈을 감으라고 알려 주기도 해. 그럴 때 우리는 눈을 깜빡이지. 그런데 속눈썹은 다른 부업도 하고 있어. 바로 오싹한 동물원을 운영하는 일이지. 네 속눈썹 속에는 **모낭충**이라는 꼬마 괴물이 수백 마리나 살고 있거든. 모낭충은 네 얼굴에서 나오는 죽은 피부와 피지를 먹고 사는데, 인간의 눈에 띄지 않으려고 밤에만 나오지.(너도 모낭충처럼 생겼다면 사람들 눈에 띄고 싶지 않을걸.) 너무 걱정하지 마. 모낭충은 누구에게나 있고 아주 작아서 현미경으로 봐야만 보인다니까. 게다가 네가 자는 사이에 모낭충이 얼굴을 모조리 뜯어 먹는 일은 없을 거야. 나만 믿어.

음모

사춘기가 되면 보너스로 다른 곳에도 털이 왕창 나. 어른이 되어 간다는 표시야. 보너스 털은 겨드랑이와 사타구니에 나는데, 그런 곳에 왜 털이 나는지는 아직 밝혀지지 않았어. 땀이 차서 악취가 나는 것을 막기 위해서라는 주장도 있고, 어떤 사람들은 피부가 쓸려서 상처가 나는 것을 막기 위해서라고 생각하기도 해. 또 어떤 이유가 있을까? 미안, 나도 모르겠어. 네가 생각해 보렴. 혹시 알아내면 나에게도 말해 줘. 나중에 이 책에 추가할 테니까.(내가 알아낸 척 넣어야지.)

코털

혹시 너희 삼촌 콧구멍 밖으로 삐져나온 털 보이니? 코털도 나름대로 맡은 역할이 있어.(그저 입맛 떨어지라고 있는 건 아니라고.) 코털은 먼지와 공해, 커다란 호박벌 따위가 코를 통해 폐로 들어가는 것을 막아 주거든.

얼굴 털

사춘기가 되면 소년들은 테스토스테론 수치가 높아지면서 얼굴에 털이 나. 테스토스테론은 남성 호르몬으로, 우리 몸의 메시지 전송 시스템의 일부야. 소녀들도 소년들과 같은 개수의 모낭을 갖고 있지만 소녀들의 몸에서는 테스토스테론이 많이 나오지 않기 때문에 대개는 털이 훨씬 적게 자라지. 소년들은 만 11세 정도가 되면 얼굴에 털이 나지만 처음에는 듬성듬성 날 거야. 20대가 되어야 진짜 수염처럼 자라거든. 나는 예전에 수염을 길렀는데, 2년 전에 내 수염의 절반이 작은 똥에 뒤덮여 있다는 사실을 깨닫고는…… 로봇 도우미에게 모두 잘라 달라고 부탁했어.

잡초와 똑같이 머리카락도 겨울보다 여름에 더 빨리 자라. 평균적으로 머리카락은 1년 동안 네 손바닥 길이 만큼 자랄 거야. 실망스럽겠지만 머리카락은 자르지 않더라도 인간 대걸레가 될 만큼 영원히 자라지 않아. 한 가닥의 머리카락이 계속 자랄 수 있는 기간은 몇 년뿐이거든. 그러고 나면 결국 떨어져 나와서 너희 집 하수구를 막는 거지. (네 나이에는 머리카락이 빠져도 새로운 머리카락이 계속 자라니까 대머리가 될까 봐 걱정하지 않아도 돼.) 만약 머리카락이 빠지지 않고 계속 자란다면 평생 기른 머리카락은 네 키의 일곱 배쯤 될 거야.

머리카락의 시련

머릿니

어쩌면 너는 이미 머릿니와 한참 좋은 시간을 보내고 있을지도 모르겠다. 머릿니는 작고 귀여운 녀석들이지만 날카로운 집게발로 두피를 할퀴어 피를 빨아먹는단다. 하지만 머릿니가 두피를 할퀴어도 아프지는 않을 거야. 머릿니는 모래알만 한 크기거든. 대신 머리가 몹시 가렵겠지. 머릿니는 눈에 잘 띄지 않지만 작고 하얀 알들은 좀 더 쉽게 찾을 수 있어. 이것을 서캐라고 하는데, 머릿니는 바로 이 알을 깨고 나와. 머릿니는 친구들과 어울리기를 무척 좋아해서 아마 여러 마리가 함께 있을 거야. 아마 50마리쯤?(뭐, 1000마리쯤 있을지도 모르지. 으아아악!)

머릿니는 머리카락이 더럽다고 생기는 게 아니라서 누구의 잘못도 아니야. 그래도 달갑지 않은 불청객이니 떠나 준다면 좋겠지? 안타깝게도 네가 정중하게 그만 가 달라고 해도 머릿니는 쉽게 가지 않을 거야. 머리카락이 젖어 있을 때 특수한 빗으로 머리를 빗으면 효과가 있지.

대개는 이런 방법으로 해결되지만 머릿니들이 맛있는 두피를 끝까지 떠나려 하지 않을 때도 있어. 그럴 때는 약국에 가서 연고나 물약을 사와야 해. 그건 그렇고, 아주 끔찍한 소식이 하나 더 있는데, 마음의 준비가 됐니? 그럼 얘기할게. 머릿니가 있어도 학교는 가야 해. 안됐네.

흰머리

　너희들과 나는 60세가 넘어도 일을 하겠지만 머리카락의 멜라닌은 언제든 일을 그만두고 은퇴를 선언할 수 있단다. 이런 일은 20세가 되기도 전에 일어날 수도 있고 70세가 되어서야 일어날 수도 있어. 어쩌면 영원히 일어나지 않을 수도 있지. 멜라닌이 외투를 벗어 버리면 머리칼은 회색이나 흰색으로 변할 거야. 가끔 어른들이 네가 속을 썩여서 흰머리가 난다고 투덜거릴 때가 있지? 거짓말이라고 생각했니? 사실은 정말 그럴 수도 있어. 우리 몸은 스트레스를 받으면 특정한 호르몬을 내보내는데 그중 하나가 멜라닌의 공급을 방해하거든. 그렇다고 하룻밤 사이에 머리칼이 하얗게 세는 건 아니야. 그러니까 네가 부엌에 마요네즈를 잔뜩 흘려 놓거나 벽에 마구 낙서를 그려 놓아도 당장 부모님의 머리칼이 새하얗게 변하지는 않겠지. 먼 훗날 부모님의 머리칼이 다 세고 나면 너 때문이 아니라고 발뺌하면 돼.

비듬

어깨에 소복이 눈이 내렸다고? 에이, 그건 눈이 아니라 비듬이야. 고상한 말로는 지루 피부염이라고 하지. 두피가 가려우면서 피부의 작은 조각들이 떨어져 나가는 게 비듬이거든. 비듬은 사춘기 무렵에 고개를 드는 경우가 많은데, 이 시기가 되면 두피에 유분이 많아지기 때문이지. 한 가지 좋은 소식은 특수한 샴푸를 사용하면 사라진다는 거야.

탈모

남자 어른들 중에 젊은 시절만큼 머리칼이 풍성하지 않은 사람을 본 적이 있지? 아빠나 할아버지, 선생님, 프로페서 X 같은 사람들이 그렇잖아. 이것을 남성형 대머리라고 해. 대부분의 남자들은 나이가 들면 차가 막힌다고 투덜거리거나 등산복을 즐겨 입지. 남성형 대머리도 나이가 들면 나타나는 현상 중 하나야.

가끔은 여자들도 탈모를 겪어. 탈모가 스트레스나 질병, 암 치료제 같은 독한 약 때문에 생기기도 하지. 그러고 나면 머리카

6장 · 털과 손톱, 발톱

락이 예전과 다른 모습으로 자랄 수도 있어. 때로는 우리 몸의 면역 체계가 실수로 모낭을 공격해서 머리칼이 뭉텅이로 빠지기도 해. 이것을 **탈모증**이라고 하는데 탈모증의 종류는 여러 가지야. 나이와 성별에 관계없이 누구에게나 일어날 수 있단다. 빠진 머리카락은 다시 자라기도 하지만 그렇지 않은 경우도 있어. 하지만 머리카락이 있든 없든 사람은 달라지지 않는다는 사실을 명심하렴.

탈모를 겪는 남자들 중에는 대머리가 되고 싶지 않아서 탈모를 막는 약을 먹거나 수술을 받는 사람도 있어. 몸의 다른 부위에서 털을 이식하는 시술을 받기도 하지. 효과가 없는 경우도 있지만 고대 그리스인들이 쓰던 방법보다는 훨씬 나을 거야. 고대 그리스인들은 머리에 비둘기 똥을 바르면 탈모를 예방할 수 있다고 믿었거든.

손톱과 발톱

혹시 손톱이 되고 싶니? 운이 좋으면 잘 다듬어져서 아름다운 색깔과 무늬로 치장되겠지만 그보다는 흙이 잔뜩 끼고 하루 종일 물어뜯기기 십상일걸. 하지만 손톱은 단순히 장식/맛 좋은 간식(자기에게 맞게 둘 중 하나를 고를 것)이 아니야. 손발톱의 기능은 아주 단순해. 손끝과 발끝을 다치지 않게 보호해 주는 거지.

이런 일을 할 수 있는 건 손발톱이 케라틴으로 이뤄져 있기 때문이야. 기억하지? 케라틴은 아주 강력한 물질이잖아. 손발톱은 머리카락보다 케라틴이 훨씬 더 촘촘히 들어차 있어서 더욱더 단단하거든.

그리고 손톱은 다른 일을 함께해. 낮에는 회사에 다니고 밤에는 택시 운전을 하는 사람처럼. 혹은 낮에는 너희들을 가르치고 밤에는 몰래 도둑질을 하는 수학 선생님처럼.

6장 · 털과 손톱, 발톱

세상에서
손톱을 가장
길게 기른 사람은
리 레드먼드라는 미국인
여성이야. 손톱을 모두 합쳐 8미터 넘게 길렀대.
볼링 레인의 절반쯤 되는 길이지. 그런 손으로 컴퓨터
자판을 두드리려면 엄청 불편할 거야.

    우선 손톱은 무언가를 단단히 잡거나 껍질을 까거나 어딘가에 오를 때 돕는 역할을 해. 그러면서 손가락이 무언가를 얼마나 세게 누르는지 뇌에게 알려 주기도 하지. 뭐, 손끝에 붙어 있으니까 당연히 해야 할 일이지.

    손발톱의 뿌리 부분을 덮고 있는 단단한 피부층을 큐티클(각피)이라고 불러. 큐티클은 마치 찬바람을 막아 주는 문풍지처럼 미생물의 침입을 막아 주지. 손발톱이 자라는 속도는 아주 느리단다. 일주일에 1밀리미터도 안 되거든. 그러니까 혹시 사고로 손톱이 빠지면 새 손톱이 온전히 자라기까지 여러 달이 걸릴 거야.

> 손톱을 물어뜯는 습관을
> 과학자들은 **교조증**이라고 불러.
> 너는 맛있는 간식이라고
> 부르겠지?

케이의 쿵큼증

> 내일이면 내 노트북을 수리점으로 보낼 거야. 이제 ''키를 수리할 수 있으니까 ㅣ 다려 줘!

왜 머리카락이나 손발톱은 잘라도 아프지 않을까

머리카락이나 손발톱을 자를 때 아프다면 어떻게 되겠니? 미용실은 모두 망할 테고 손톱깎이는 치명적인 무기가 되어 사용이 금지되겠지? 머리카락과 손톱은 신경 말단이 없는 죽은 세포이기 때문에 잘라도 아프지 않단다. 신경이 없는 부위는 통증을 느낄 수 없거든. 하지만 손발톱 아래 피부는 살아 있기 때문에 실수로 손발톱을 너무 짧게 깎으면 몹시 아프지.

직모와 곱슬머리의 차이는 무엇일까

직모와 곱슬머리는 모낭이 결정해. 모낭 기억하지? 머리카락이 자라나는 작은 구멍 말이야. 태어날 때부터 모낭이 동그란 모양이라면 곧은 머리칼이 자라나고 모낭이 타원형이면(혹은 찌그러진 원 모양이라면) 구불구불한 머리칼이 자라. 머리카락이나 털은 여러 가지 면에서 유전을 따르는데, 직모와 곱슬머리도 마찬가지야. 만약 네 머리칼이 곱슬거린다면 틀림없이 너희 부모님의 머리칼도 곱슬거릴 거야.(아니라면 고대기를 사용하셨겠지.)

❓ 머리카락이 젖은 채로 밖에 나가면 정말 감기에 걸릴까

어린 시절에 나는 머리칼이 젖은 채로 밖에 나갈 때마다 어른들에게 감기에 걸릴 거라는 얘기를 들었거든. 의과 대학에 들어가서야 헛소리라는 걸 알았지. 왜 어른들은 그렇게 터무니없는 이야기를 할까? 정말 기가 막힌다니까.

참일까, 똥일까?

우리 몸에는 어디에나 털이 있다. ☐ 참 ☑ 똥

대부분이 털로 뒤덮여 있지만 그렇지 않은 곳도 있잖아. 손바닥과 발바닥, 젖꼭지, 입술은 면도할 필요가 없으니까.

사람이 죽은 뒤에도 손톱은 계속 자란다. ☐ 참 ☑ 똥

혹시 어디선가 이런 얘기를 듣지 않았니? 옛날에는 그렇게 믿었거든. 사람이 죽으면 손톱 뿌리 쪽 피부가 당겨져서 손톱이 길어진 것처럼 보이는 거야. 윽!

손톱이 발톱보다 더 빨리 자란다. ☑ 참 ☐ 똥

손톱은 발톱보다 두세 배 빨리 자란단다. 다행이지 뭐야. 발톱은 물어뜯기가 훨씬 더 어려우니까.(시치미 떼기는. 다 해봤잖아.) 많이 쓰는 손가락일수록 그리고 긴 손가락일수록 손톱이 더 빨리 자라지.

7장
눈과 귀와 입과 코

눈

영국의 위대한 작가 윌리엄 셰익스피어가 그랬던가? "눈은 마음을 비추는 창"이라고. 글쎄, 혹시 셰익스피어가 엄청 멍청했나? 눈은 창과는 완전히 다르거든. 오히려 카메라와 비슷하지. 눈은 세상에서 가장 발달한 카메라야. 매순간 수백만 가지의 사물을 관찰하고 초고속으로 뇌에 모든 정보를 전달해서 보이는 것을 바로 이해하게 만들거든. 한 가지 문제가 있다면 네 친구가 머리를 이상하게 자르고 와도 예뻐 보이게 필터를 끼울 수 없다는 점이지.

우리가 거울로 보는 눈은 전체 눈알의 6분의 1에 불과해. 나머지 부분은 두개골의 둥근 뼈 안에서 안전하게 보호받고 있어. 뼈로 둘러싸인 이 둥근 공간을 눈구멍 또는 안와라고 해. 눈의 바깥쪽은 눈꺼풀이 보호하고 있어. 솔직히 우리 몸에서 눈만큼 왕 대접을 받는 부위도 없을 거야. 그래도 앞을 볼 수 있다는 건 행운이니까 시력을 잃지 않기 위해 노력하는 게 좋겠지?

그럼 이제 눈의 안쪽을 살펴볼까?

> 타조는 뇌보다 눈이 더 크단다.(내가 뇌 크기를 가지고 무례하게 얘기하는 사람은 아닌데, 그냥 생각나서 얘기한 거야.)

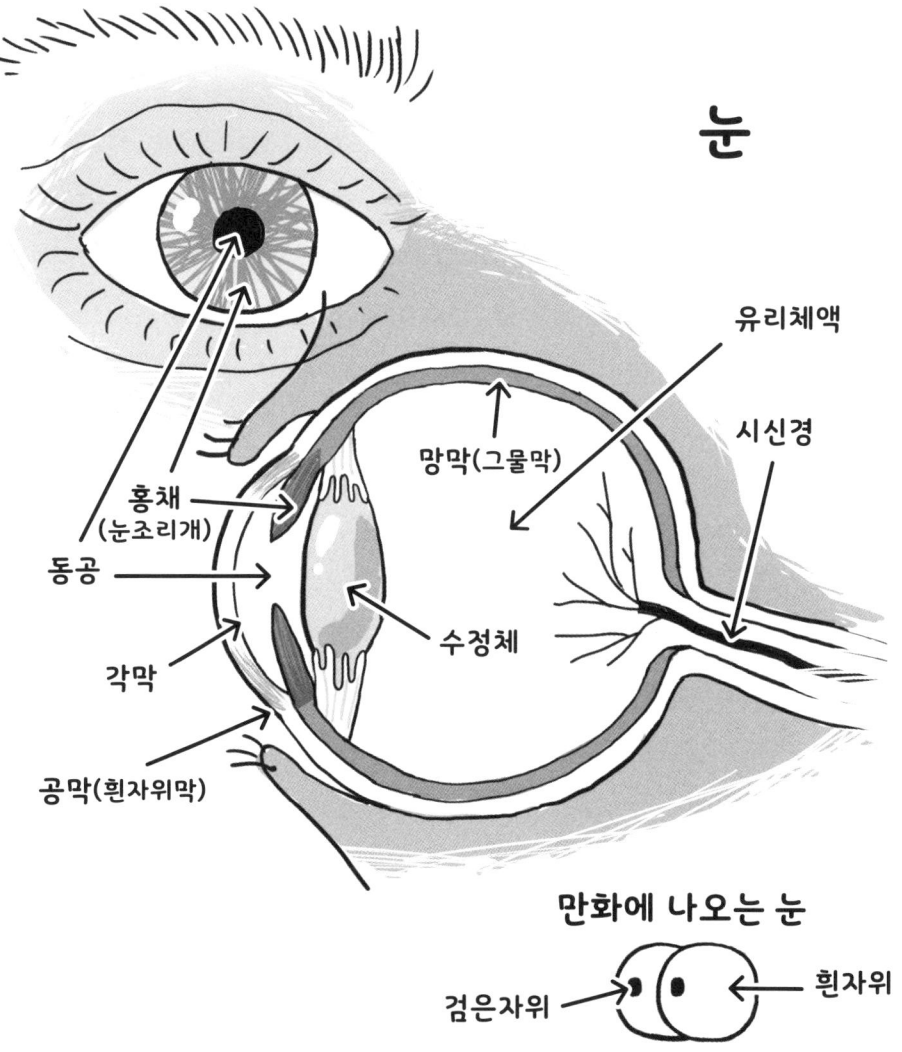

공막: 흰자위막이라고도 불러. 계란 흰자가 별 볼일 없는 것처럼 우리 눈의 흰자위도 딱히 흥미롭지 않아. 공막은 우리 눈을 보호하는 하얀 페인트와도 같아아아아아아아암. 미안, 공막이 너무 따분해서 졸다가 키보드에 머리를 박았지 뭐야.

결막 : 공막이 하얀 페인트라면 결막은 그 위에 얇게 덧바른 코팅제라고 할 수 있겠네. 결막이 분홍색이나 붉은색으로 변하면 사악한 사이보그가 되었다는 뜻이지. 혹은 결막염에 걸렸거나. 결막에 염증이 생기면 눈이 따갑거나 눈물이 나. 저절로 없어지기도 하지만 심할 때는 안약을 넣어야 해. 결막염이 아니라 사악한 사이보그가 된 거라면 어떻게 치료해야 할지 나도 모르겠어.

사악한 사이보그　　　**결막염**　　　**결막염에 걸린 사악한 사이보그**

각막 : '막'으로 끝나는 말을 찾는 게임이냐고? 그건 아니야. 각막은 투명해서 우리 눈에는 잘 보이지 않아. 우리는 각막을 통해 앞을 보니까 당연히 투명해야 하겠지?(그렇지 않으면 늘 뿌연 안경을 쓰고 있는 기분일걸.) 그리고 각막은 아주 빠르게 치유된단다. 상처가 나도 이틀 뒤면 저절로 낫거든. 게으른 피부가 각막을 본받으면 좋을 텐데.

유리체액 : 우리 눈에도 유리가 있냐고? 유리체액이 없다면

앞을 볼 수 없어. 유리체액은 눈동자가 바람 빠진 풍선처럼 일그러지지 않도록 안쪽을 채워주는 액체야.

> 양쪽 눈의 색깔이 서로 다른 사람도 있어. 아주 드문 경우지만 의사들은 (늘 그렇듯이) 따로 이름을 붙였단다. 바로 **홍채 이색증**이야.

홍채 : 홍채는 눈에서 색깔이 있는 부분이기도 해. 물론 색깔을 정하는 건 역시 멜라닌이지. 멜라닌이 많을수록 눈 색깔이 어두워진단다. 전 세계에서 가장 흔한 눈 색깔은 뭘까? 두구두구두구…… 갈색! 전 세계 사람들 열 명 가운데 여덟 명꼴로 갈색 눈을 가졌거든. 그렇다면 가장 희귀한 눈 색깔은? 노란 바탕에 분홍색 물방울무늬와 대각선 금색 줄무늬를 가진 눈이 아닐까? 그런 눈은 세상에 없을 테니까.

동공 : 미안하지만 동공은 실제로 존재하지 않아. 그럼 눈동자 한가운데 있는 검은 점은 뭐냐고? 그건 홍채에 난 구멍일 뿐이야. 홍채는 이 구멍의 크기를 조절해서 빛을 얼마나 받아들일지 결정하지. 밝을 때는 동공이 줄어들어서 아주 작아지고 어두울 때는 빛을 최대한 많이 받아들이기 위해 구멍이 커져. 눈이 안쪽을 밝히려고 커튼을 걷는 셈이지. 카메라 조리개처럼 말이야. 그래서 홍채를 눈조리개라고도 불러.

수정체 : 홍채 뒤에 있는 작은 돋보기의 이름이야. 영어로는 렌즈라고 하는데 카메라 렌즈는 들어본 적 있지? 눈의 수정체도 카메라 렌즈와 똑같은 역할을 해. 눈으로 들어오는 물체의 모습에 초점을 맞춘 다음 눈 안쪽으로 비춰 주지.(영화관에서 영사기가

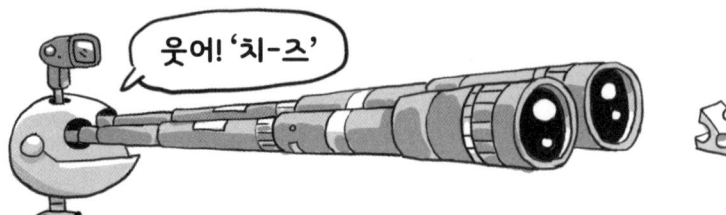

스크린에 필름을 투사하듯이.) 수정체는 눈의 초점이 잘 맞도록 끊임없이 모양을 바꾼단다. (핸드폰처럼) 가까이 있는 것을 볼 때는 뚱뚱해지고 (우주선처럼) 멀리 있는 것을 볼 때는 얇아지거든.

망막: 망막은 눈이 무엇을 보고 있는지 뇌에게 알려 주는 수백만 개의 수용기로 이뤄져 있어. 수용기는 2종류로 나뉘는데, 하나는 막대(간상체) 수용기, 다른 하나는 원뿔(추체) 수용기야. 원뿔형은 사물의 색깔을 구분하고 막대형은 옛날 텔레비전처럼 흑백으로 사물을 보지. 막대 수용기와 원뿔 수용기가 시신경이라는 신경을 사용해 뇌로 신호를 보내. 그러면 마지막으로 뇌가 눈에 보이는 것이 쓰레기통인지 난로인지 아니면 오이로 만든 에펠탑인지 판단을 하지.

혹시 올빼미는 왜 끊임없이 이리저리 고개를 돌리는지 아니? 올빼미의 눈은 움직이지 않기 때문에 고개를 돌려야만 왼쪽이나 오른쪽을 볼 수 있거든. 올빼미와 다르게 우리의 눈은 사방으로 눈을 움직이게 해 주는 6개의 근육을 사용해서 이리저리 돌아갈 수 있어. 게다가 우리는 올빼미처럼 쥐를 잡아먹을 필요도 없잖아. 우리의 양쪽 눈은

> 가끔 눈을 뜨고 자는 사람들도 있는데, 이런 증상을 **야간 토안** 또는 **토끼눈증**이라고 불러. 흔한 증상은 아니지만 눈을 뜨고 자면 눈이 아플 테니까 의사를 만나 보는 게 좋겠지. 게다가 친구들과 함께 자면 친구들이 기겁할지도 몰라.

대개 같은 쪽을 보는데, 가끔 두 눈이 서로 다른 방향을 보는 사람도 있어. 이것을 사시안이라고 한단다. 사시안은 아주 흔한 증상이지만 대부분은 안경을 쓰거나 눈 운동을 하거나 수술을 받으면 고칠 수 있어. 그래도 고칠 수 없다면 개성이 되겠지!

눈의 여러 가지 다른 기능

자, 우리 눈이 앞을 보는 일에 아주 뛰어나다는 사실을 확인했어. 그 밖에 또 어떤 기능을 할까? 사실 눈은 많은 일을 한단다. 예를 들면 깜빡거리기도 하고 울기도 하잖아. 레이저를 쏘기도 하고.

깜빡임

눈꺼풀은 밤에만 닫히는 덧문이 아니야. 눈꺼풀은 낮에도 하루 종일 열심히 일하지. 눈을 깜빡이면 식물에 물을 줄 때처럼 얇은 액체 막이 눈에 덧씌워지거든. 우리는 할머니, 할아버지께서 여행을 가실 때 화분에 물을 주라고 당부하셔도 금방 까먹지만 우리 눈꺼풀은 눈에 물 주는 일을 절대 잊지 않는단다. 하루에 거의 2만 번이나 물을 준다니까.

눈을 깜빡이면 갑자기 주위가 너무 환해졌을 때도 눈을 보호할 수 있고 가끔 들어오는 먼지나 흙을 내보낼 수도 있어. 말하자면 눈꺼풀은 비오는 날 자동차 앞 유리를 닦아 주는 와이퍼와도 같지.

울음

만약 네 귀나 손톱에서 물이 쏟아져 나오면 너는 몹시 놀라겠지? 그런데 어째서 우리는 눈에서 물이 쏟아져 나오는데도 이상하게 생각하지 않을까? 눈물은 네가 얼마나 슬픈지 또는 얼마나 웃겨 죽을 것 같은지 세상에 보여 주는 역할도 하지만 한편으로는 눈에 들어간 더러운 물질을 씻어 내는 천연 방패 역할도 한단다. 알레르기성 비염을 앓으면 눈물이 나는 것도 바로 이런 이유 때문이야. 꽃가루를 씻어 내기 위해서지. 눈물은 눈구멍 위쪽

구석에 있는 눈물샘에서 나와서 얼굴로 흘러내리기도 하지만 일부는 코로 빠져나가. 그래서 울 때 콧물이 나오는 거야.

레이저 쏘기
이건 내가 착각했네. 영화에서 본 것 같아.

아침에 일어나면 눈에 끈적끈적하고 이상한 덩어리가 끼어 있지 않니? 미끈거릴 때도 있고 말라붙어 있을 때도 있고 눈꺼풀에 붙어서 눈을 뜨기 어려울 때도 있잖아. 바로 눈곱 때문이야. 눈곱은 점액과 먼지, 피부 세포가 섞여서 만들어진 거야.(혹시 조리법이 궁금할까 봐.) 깨어 있을 때는 눈을 깜빡거릴 때 눈곱이 떨어져 나가지만 밤에는 눈꺼풀이 일을 쉬니까 아침이면 더러운 눈곱이 잔뜩 끼어 있을 수밖에.

안경

우리 눈은 아주 복잡한 장치라서 가끔은 제대로 작동하려면 도움이 필요할 때도 있단다. 그리고 대부분의 사람들은 결국 언젠가 안경을 쓰게 되지. 눈으로 들어오는 물체를 망막에 정확히 투사하기 위해서 수정체가 뚱뚱해졌다가 날씬해지기를 반복한다고 한 거 기억하지? 그런데 수정체가 이런 일을 제대로 하지 못

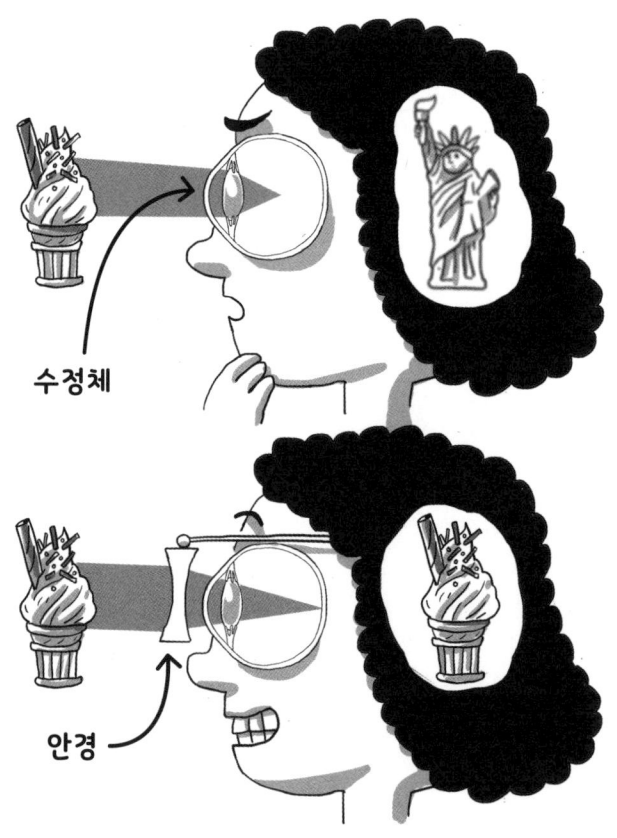

하면 사물이 뿌옇게 보이기도 해. 그래서 나이가 들면 많은 사람들이 안경을 쓰게 되지. 노인들 피부가 점점 쳐지다가 결국 빨래처럼 축 늘어지잖아. 눈의 수정체도 마찬가지야.

안경을 쓰는 사람들 중에는 원시안을 가진 사람과 근시안을 가진 사람이 있어. 원시안은 멀리 있는 사물은 잘 보는 반면 가까이 있는 사물은 뚜렷이 보지 못해. 문자 메시지를 읽을 때 핸드폰을 멀찍이 드는 사람 본 적이 있지? 원시안 때문이야. 반대로 근시안은 가까이 있는 사물은 잘 보지만 멀리 있는 사물을 뚜렷이 보지 못하지. 안경은 눈 밖에서 사물이 망막에 정확히 맺히도록 도와주는 제2의 수정체란다.

반가운 소식이지? 안경을 쓰면 멋지잖아. 어른들은 눈에 레이저 수술을 받기도 하지만, 실망스럽게도 눈에서 레이저를 쏠 수 있게 되는 건 아니야. 레이저 수술은 의사가 레이저를 쏴서 수정체가 초점을 정확히 맞출 수 있도록 도와주는 수술이거든.

시력 상실

태어날 때부터 또는 자라면서 눈에 좀 더 심각한 문제를 겪는 사람들도 있어. 때로는 영영 시력을 잃기도 하지. 부분적으로 시력을 잃고 조금은 볼 수 있는 경우도 있지만 시력을 완전히 잃는 경우도 있단다. 때로는 양쪽 눈의 시력을 모두 잃기도 하고 한쪽만

잃기도 해. 이런 경우에는 남은 한쪽 눈이 더 열심히 일해야겠지. 앞을 볼 수 없게 되는 이유는 수없이 많아. 눈이 제대로 발달하지 않은 경우도 있고 염증이나 당뇨병, 암 같은 질병으로 눈이 멀기도 하지. 사고로 눈을 다쳐서 시력을 잃는 경우도 있어. 그러니까 장난으로라도 절대 다른 사람의 눈을 찔러선 안 돼.

시력을 잃은 사람들도 재미있고 흥미로운 인생을 살 수 있어. 직업을 가질 수도 있을 뿐 아니라 시력이 있는 사람들이 하는 일은 모두 할 수 있지. 이제는 기술이 많이 발달해서 컴퓨터가 스크린이나 책 속 글씨를 읽어 줄 수 있게 되었어. 하지만 예전에는 시력을 잃은 사람들, 즉 맹인들은 주로 점자를 사용해서 글을 읽었단다. 점자는 손가락으로 만져서 구분할 수 있도록 종이 위에 튀어나오게 만든 특수한 글자야. 맹인들은 흰 지팡이로 땅을 두드리거나 좌우를 더듬어 장애물이 있는지 확인하며 길을 걷기도 하고, 안내인의 팔짱을 끼고 다니기도 해. 맹인을 안내해 주도록 훈련받은 안내견과 함께 다니기도 하지. 맹인 안내견은 어릴 때부터 훈련을 받기 때문에 아주 영리하고 얌전해.(우리 피핀은 절대 안내견이 되지 못할 거야. 새만 보면 꽁무니를 따라다니고 똥을 보면 킁킁거리느라 바쁘거든.) 맹인 안내견을 만나더라도 허락 없이 함부로 만져선 안 돼. 맹인 안내견은 자기 일을 하느라 바쁠 테니까. 아무리 동물이라도, 또 아무리 귀여워도 일하는 사람을, 아니, 일하는 개를 함부로 건드려선 안 되겠지?

귀

귀는 참 불쌍하지 않니? 귀에 날카로운 금속을 꽂아놓고 귀걸이라고 부르기도 하고, 손가락으로 마구 후벼 파서 귀지를 꺼내기도 하잖아. 게다가 가끔은 끔찍한 음악을 억지로 듣게 하고. 그런데 머리 양옆에 붙어서 나풀거리는 이 친구들 안에서 무슨 일이 벌어지는지 생각해 본 적 있니?

    귀의 주요 역할은 사방에서 들려오는 소리를 모아 뇌로 보내 주는 일이야. 그러면 뇌는 그것이 후진하는 트럭 소리인지, 기타를 치는 소리인지, 너희 집 개가 방귀를 뀌는 소리인지 판단하지.

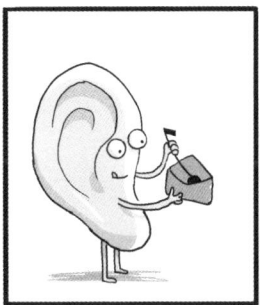

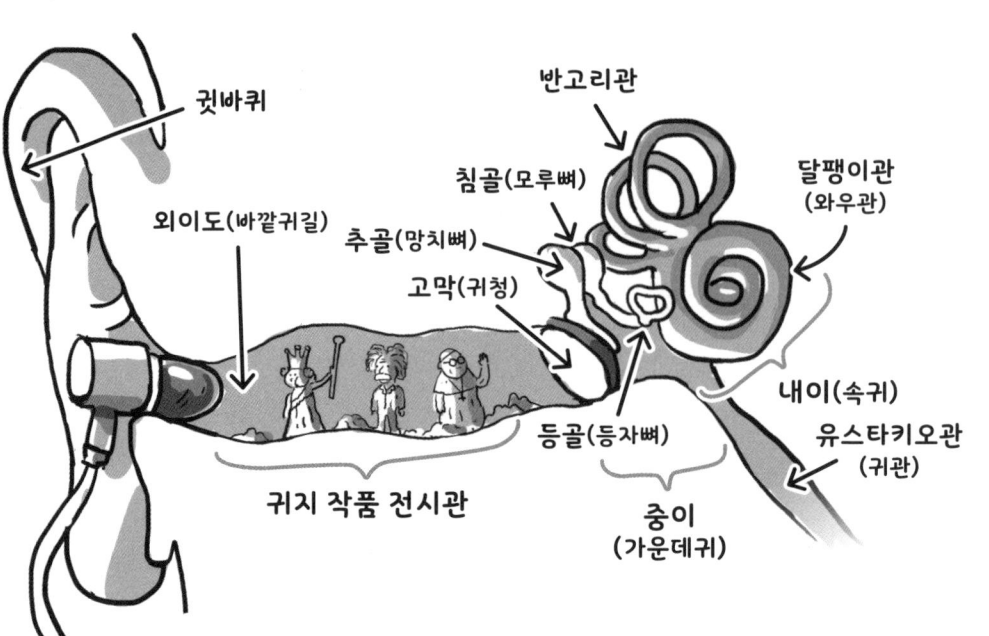

귓바퀴: 우리의 귀는 빙산과도 같아. 응? 그렇게 차갑냐고? 혹시 펭귄이 가득 들어 있냐고? 둘 다 아니야. 빙산의 일각이라는 말 들어 봤지? 바닷물에 떠 있는 빙산은 대부분 물속에 가라앉아 있고 수면 위에는 아주 작은 부분만 드러나 있거든. 우리의 귀도 마찬가지야. 우리가 눈으로 볼 수 있는 부분은 겉으로 나와 있는 귓바퀴뿐이지. 귓바퀴는 물렁뼈로 이뤄져 있어. 물렁뼈는 단단하면서도 잘 휘어지기 때문에 부드러울 '연軟' 자를 써서 연골이라고 부르기도 해. 귓바퀴는 마치 위성 안테나처럼 소리를 모아서 머릿속으로 전달하기에 좋은

7장 · 눈과 귀와 입과 코

모양이지.

외이도: 우리 귓속에는 아름답고 낭만적인 이탈리아 베니스의 운하 같은 동굴이 있어. 하지만 귓속의 운하인 외이도에는 귀지가 가득 들어 차 있지. 곤돌라를 타고 구경할 만한 곳은 아니고 베니스만큼 낭만적이지도 않아. 그보다는 아파서 병원에 갔을 때 의사 선생님이 들여다보는 곳이지. 잔소리를 듣기 싫을 때 손가락을 쑤셔 넣는 곳도 바로 여기야.

고막: 고막은 외이도 바로 안쪽을 북의 가죽처럼 팽팽하게 덮고 있는 얇은 조직층이야. 북은 북채로 두드리지만 고막을 두드리는 건 음파야. 음파가 닿으면 고막이 진동하거든. 귀청이라고도 부르는데 '귀청 떨어지겠다'고 말할 때 그 귀청이야.

중이: 중이는 가운데귀라고도 불러. 그렇다면 중이는 어디쯤에 있을까? 맞았어. 가운데에 있지. 상금 500만 원! 고막을 넘어가면 중이라고 부르는데, 중이에는 망치뼈와 모루뼈, 등자뼈라는 3개의 작은 뼈가 들어 있어. 망치뼈는 추골, 모루뼈는 침골, 등자뼈는 등골이라고도 불러.(이름 위원회에서 왜 이름을 2개씩 붙였는지 모르겠어. 심심했나 봐.) 음파가 만들어 내는 진동을 이 작

은 3개의 뼈가 내이, 즉 안쪽 귀로 전달해 주지. 앗, 조금 전의 상금 얘기는 농담이었어. 설마 진짜 믿고 벌써 돈을 왕창 써 버린 건 아니겠지?

내이 : 내이는 달팽이관이 사는 곳이야. 달팽이관은 머릿속 깊숙이 들어 있는 작은 달팽이 모양의 관이란다. 모든 진동을 신경 신호로 바꿔 뇌로 전송하는 중요한 역할을 맡고 있는데, 이때 섬모라는 수천 개의 작은 털을 사용해.

귀에서 일어나는 여러 가지 문제를 우리가 해결할 수 없는 경우도 많지만 귀를 건강하게 유지하기 위해 할 수 있는 일이 몇 가지 있어. 첫째, 귓속에 무언가를 넣지 말 것. 절대로. 손가락이든 면봉이든 연필이든 남의 손가락이든 아무것도 넣지 마. 귀지를 꺼내고 싶어 미칠 것 같아도 참아. 함부로 꺼내려 했다가는 귀지가 더 깊이 들어가 고막을 손상할 수도 있거든. 둘째, 어쩌면 숨을 쉬지 말라거나 다시는 개를 쓰다듬지 말라는 말보다 더 가혹하게 들리겠지만, 헤드폰이나 텔레비전, 게임의 소리를 낮추지 않으면 나중에 어떤 소리든 잘 못 듣게 될 수도 있어. 혹시 너희 부모님이 이렇게 써 달라고 시키지 않았냐고? 아니, 이건 사실이야. 소리를 듣

는 능력, 즉 청력이 손상되는 일은 아주 천천히 일어나거든. 당장은 표시가 나지 않지만 마침내 알아차리고 나면 너무 늦어서 손쓸 수 없게 될 거야.

균형

내이는 놀라운 임무를 하나 더 맡고 있어. 우리가 똑바로 설 수 있게 돕는 일이야. 달팽이관 옆에는 작고 구불구불하고 체액이 가득 찬 3개의 관이 있는데, 이것을 반고리관이라고 불러. 반고리관은 뇌에 머리가 움직이고 있는지 아닌지 알려 주는 역할을 하지. 거대한 롤러코스터를 타고 나면 어지러워서 비틀거리는 이유가 뭘까? 반고리관에 든 체액의 움직임이 가라앉지 않아서 뇌는 몸이 계속 돌고 있다고 생각하거든. 하지만 눈은 뇌에게 몸이 가만히 서 있다는 신호를 보내기 때문에 뇌가 헷갈려 하다가 갑자기…… 워워, 한바탕 소동이 벌어지는 거지. 뱃멀미가 나는 이유도 비슷해. 내이는 뇌에게 몸이 움직이고 있다고 말하지만 배를 보고 있는 눈은 아무것도 움직이지 않는다고 주장하니까 갑자기 몸이 혼란에 빠져 점심에 먹은 햄버거가 왈칵 쏟아져 나오는 거야.

귀지

우리 귓속에 들어 있는 것들은 대부분 직접 보기가 어려워.(설마 네 달팽이관이나 중이 속 뼈들을 본 건 아니겠지? 그것들은 전부 몸 밖으로 나오지 않도록 설계되어 있거든.) 하지만 귀 안에 살고 있는 것 가운데 누렇고 미끈미끈하고 괴상한 물질은 자주 보았을 거야. 귀지라고 하는 것 말이야. 귀지는 우리 몸의 방패 가운데 하나야. 먼지가 귀 안쪽으로 들어가면 염증을 일으킬 수도 있거든. 끈적거리는 귀지가 먼지를 붙잡아서 안으로 들어가지 못하게 막아 줘. 외이도를 촉촉하게 유지해서 귓속의 피부를 보호해 주기도 해.

네 치아나 방은 네가 직접 닦아야 하지만, 귀는 스스로 청소하는 습관을 갖고 있어. 먼지를 빨아들인 귀지는 때가 되면 저절로 밖으로 나온단다. 주로 네가 자고 있을 때 떨어져 나오지. 하지만 가끔 귀지가 귀를 막아서 통증을 일으키거나 소리를 듣지 못하게 방해하기도 해. 아까 전에 얘기한 건 기억하겠지? 절대 귓속에 무언가를 넣어선 안 된다고 했잖아. 면봉도 마찬가지야. 가장 가까운 어른에게 얘기하면 약국에서 귀지 제거제를 사다 줄 거야. 그것도 효과가 없다면 의사에게 가 보렴. 의사가 미니 진공청소기로 빨아들여 줄 테니까.

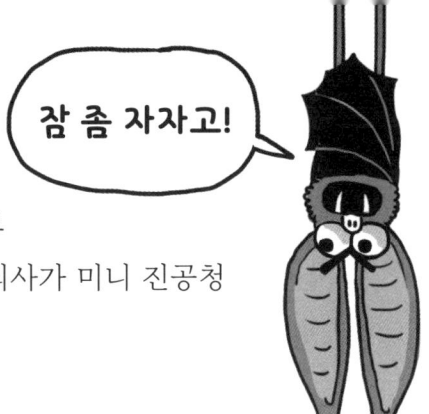

잠 좀 자자고!

중이염

귀가 아프니? 체크. 체온은? 체크. 이상한 액체가 나온다고? 체크. 아무래도 중이염 같은데. 중이염에 걸리면 귓속에 고름이 생겨. 중이에는 분비물을 목구멍으로 빠져나가게 해 주는 유스타키오관이라는 비상구가 있는데(조금 역겨우니까 상상하지 않는 편이 좋을 거야), 가끔 유스타키오관이 막혀서 문제를 일으키기도 하거든. 의사가 불을 켜고 귓속을 들여다보면서 저절로 나을지 약을 써야 할지 결정해 줄 거야.

    고막은 북과 마찬가지로 너무 세게 두드리면 찢어지기도 해. 심한 중이염을 치료하지 않고 방치하면 고름이 차올라서 터질 수도 있어.(식사 중이었다면 미안.) 귀에 면봉을 잘못 넣어도 고

> 소리에 민감한 동물들은 커다란 귀를 (아니, 귓바퀴를) 갖고 있어. 그래야 소리를 증폭해서 개미가 방귀 뀌는 소리까지 들을 수 있을 테니까. 하지만 코끼리가 큰 귀를 가진 것은 소리를 잘 듣기 위해서가 아니야. 코끼리는 뜨거운 햇볕을 받으면 커다란 귀로 열을 내보내서 몸을 식히거든. 그래서 서늘한 기후에 사는 아시아의 코끼리들은 무더운 아프리카에 사는 코끼리보다 귀가 작지.

막이 터질 수 있지.(그래서 면봉을 넣으면 안 된다니까.) 폭발음처럼 아주 요란한 소리를 듣거나 귀를 세게 맞아도 고막이 찢어질 수 있어.(설마, 네가 누군가의 귀를 때리는 일은 없겠지?) 마지막으로, 갑자기 기압이 심하게 변해도 고막이 터질 수 있어. 깊은 물속에 들어가는 스쿠버 다이버들도 가끔 이런 사고를 당하지. 찢어진 고막은 저절로 치유될 때도 많지만 수술을 받아야 하는 경우도 있어. 아주 드물게 청력이 완전히 돌아오지 않기도 해. 그러니까 내 말은, 제발 고막을 터트리지 말라고!

달팽이관에 있는 작은 털들은 시끄러운 소리를 좋아하지 않아. 요란한 곳에 가면 이 털들이 납작하게 엎드리기 때문에 그 뒤로 몇 시간 동안 소리가 잘 안 들리기도 하지. 그러니까 시끄러운 곳에 갈 때는 귀마개를 하렴. 너무 큰 소리를 들으면 귀가 돌이킬 수 없이 손상될 수도 있거든. 게다가 귀마개를 하면 어른들의 잔소리를 듣지 않아도 되잖아.

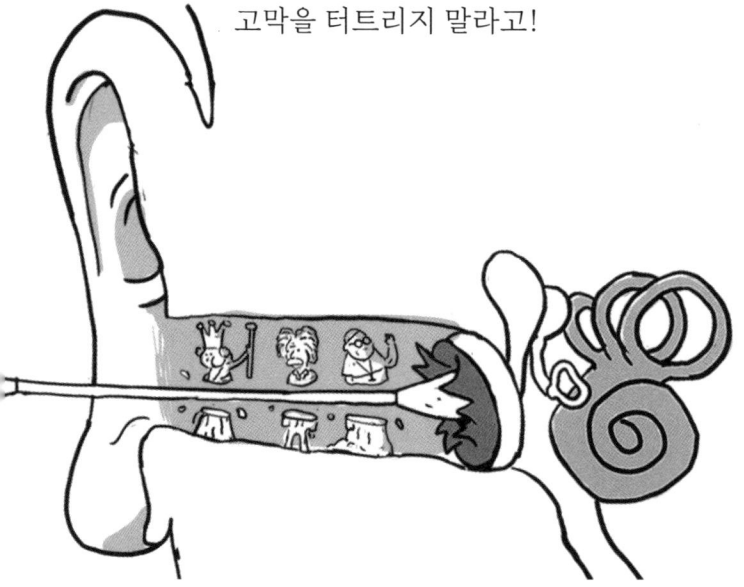

청력 상실

소리를 전혀 듣지 못하는 상태를 '농'이라고 하고 소리가 조금씩 들리긴 하지만 일상생활에 어려움이 있을 정도라면 '난청'이라고 해. 한국은 소리를 전혀 듣지 못하거나 제대로 듣지 못해서 청각 장애인으로 등록된 사람이 39만 명이 넘고, 2020년에는 난청 환자가 54만 명을 넘었어. 매년 빠른 속도로 환자가 늘고 있단다.

태어날 때부터 청각 장애를 가진 경우도 있고 자라면서 청력을 잃는 사람도 있어. 청력 상실의 원인은 매우 다양해. 예를 들어 담배를 피우면 노인이 되었을 때 청력을 잃을 위험이 더 높아지지. 담배를 피우면 안 되는 이유가 (이미 수만 가지 있지만) 하나 더 늘어났네.

청각 장애를 가진 사람들은 독순법을 사용하기도 해. 독순법이란 상대방의 입 모양을 보고 말을 이해하는 방법이야. 수화 언어를 사용하는 사람도 있지. 수화 언어를 줄

> 수어는 나라마다 달라. 한국 수어를 배운 사람이 미국이나 영국에서 수어로 소통하려면 미국 수어나 영국 수어를 따로 배워야 하지. 거의 같은 영어를 쓰는 미국과 영국의 수어도 서로 완전히 다르단다.

여서 수어라고 하는데, 수어는 손동작과 얼굴 표정으로 소통하는 방법이야. 청력을 잃은 사람도 텔레비전을 보는 데는 전혀 문제가 없을 거야. 자막이 나오는 프로그램도 있고 화면 한쪽 귀퉁이에 작은 사람이 나와서 모든 말을 수어로 바꿔주는 프로그램도 있으니까. 진짜냐고? 정말 작은 사람이 나오는 건 아니고 정상인과 똑같은 사람인데 크기를 줄여서 화면 한쪽에 띄운 것뿐이야.

난청이 있는 사람들은 보청기를 사용하기도 하지. 보청기는 소리를 증폭해 주는 작은 스피커와 같아. 보청기의 종류는 아주 다양해. 귀 뒤쪽에 끼우는 보청기도 있고 귓속에 넣는 더 작은 보청기도 있어. 아마 너도 보청기를 착용한 사람과 얘기해 본 적이 있을 거야. 네가 눈치채지 못했을 뿐.

혹시 평생 소리를 듣지 못하던 사람이 인공 와우 이식술을 받고 갑자기 소리를 들을 수 있게 되었다는 얘기 들어 봤니? 인공 와우는 인공 달팽이관이라는 뜻이야. 인공 와우 이식술은 달팽이관 속에 보청기와 같은 장치를 삽입하는 수술이란다. 이 장치가 뇌로 직접 전기 신호를 보내 주는 거야. 놀라운 기술이지? 게다가 몸속에 전기 장치를 심는 거잖아. 그럼 진짜 사이보그가 되는 셈이지. 정말 멋지지 않니?

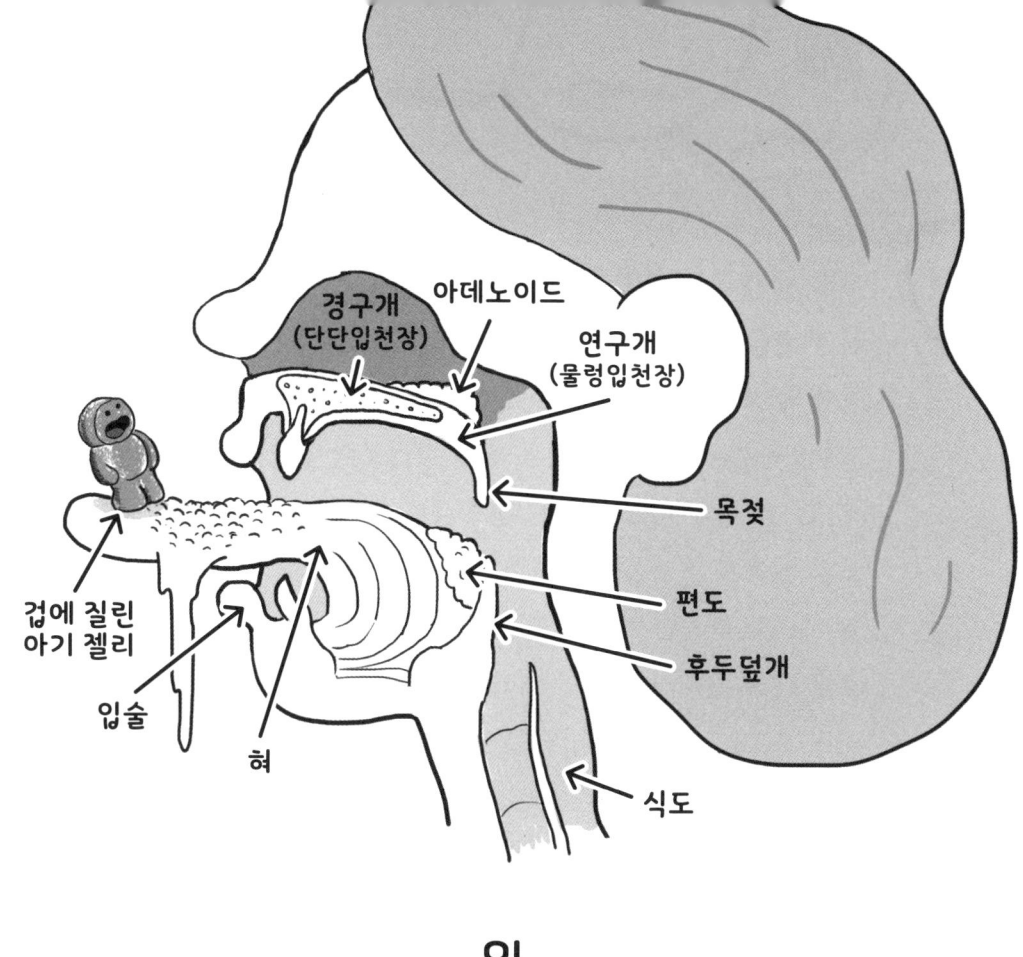

입

네가 쉴 새 없이 나불거리는 입 안에서도 많은 일이 일어나고 있어. 그러니까 편하게 앉아. 차근차근 보여 줄게.

편도: 편도는 이미 알고 있으려나? 너무 흔해서 부모님이나 친구 아니면 네가 직접 편도염이라는 병에 한번쯤 걸려 봤을 테니까. 그렇다면 편도는 그저 염증을 일으켜서 침을 삼킬 때마다 자갈을 삼키듯 불편한 느낌을 주는 말썽쟁이 아니냐고? 그렇지 않아. 그것 말고도 편도는 많은 일을 하거든. 편도는 입속의 경호

원이야. 목구멍 안쪽에 버티고 서서 몸속으로 몰래 침투하려는 세균이나 바이러스를 쫓아내거든. 목구멍의 위쪽, 즉 코 안쪽에서 비슷한 일을 하는 아데노이드와 멋진 한 쌍을 이루고 있지. 하지만 의사들도 가끔 병에 걸리듯이 편도에도 염증이 생기는데 이게 바로 유명한 편도염이야. 편도염이 생기면 편도가 빨갛게 붓고 고름으로 뒤덮여서 목이 붓는 거란다. 저절로 낫기도 하지만 때로는 약을 먹어야 해. 음식을 삼키기가 괴로울 만큼 편도가 부으면 의사가 부기를 가라앉히기 위해 아이스크림을 권할지도 몰라.(잘못 들은 것 같다고? 아니야. 의사가 정말 아이스크림을 먹으라고 할 거라니까.) 편도염이 자주 생기거나 편도가 너무 커서 호흡을 방해하면 수술로 잘라 내기도 해. 편도선 절제술이라고 하지.(절제술은 몸의 어떤 부위를 제거한다는 뜻이야. 충수 절제술은 충수를 제거한다는 뜻이고 엉덩이를 제거하는 수술은 엉덩이 절제술이겠지?)

목젖 : 입속 깊숙한 곳에 늘어져서 덜렁거리는 살 있지? 혹시 그 녀석에게도 이름이 있을까 궁금했니? 드디어 알게 되었네. 그 살의 이름은 목젖이거든. 목젖은 중요한 역할을 맡고 있어. 사자 흉내를 낼 때 으르렁거리는 소리를 낼 수 있게 해 주지. 참, 그리고 침을 만드는 일을 돕기도 해.

구개 : 입 천장을 구개라고 불러. 앞쪽의 단단한 천장은 경구개, 뒤쪽의 말랑한 천장은 연구개라고 하지. 이름이 너무 따분하지 않니? 아무래도 클라이브 회장에게 편지를 한 통 써야겠어. 연구개는 음식을 먹을 때 콧구멍을 막아서 콧속으로 과자 부스러기가 잔뜩 들어가는 불상사를 예방해 주지.(하지만 코에 과자가 들어가면 코딱지에서 좀 더 재미있는 맛이 날 텐데.)

입술 : 입술이 있어서 얼마나 다행인지 몰라. 입술이 없었다면 입이 제대로 다물어지지 않을 테고, 앞 사람이 음식을 먹을 때 더러운 입속이 훤히 보이겠지. 말도 제대로 하지 못할걸. 입맞춤 할 때 이가 먼저 부딪칠 테고.

혀 : 너는 어떨지 모르겠지만 나는 먹기와 이야기하기를 무척 좋아하거든. 혀가 없었다면 엄청 불편했을 거야. 혀가 없으면 두 가지 모두 할 수 없으니까. 혀는 수천 개의 아주 작은 혹으로 뒤덮여 있는데 이 혹을 미뢰라고 해. 미뢰는 코에 있는 탐지기와 힘을 합쳐서 지금 먹고 있는 음식이 맛있는 젤리인지 징그러운 지렁이인지 뇌에게 알려 준단다. 그 밖에도 혀는 입속에서 음식을 이리저리 움직이다가 덤프트럭처럼 목구멍으로 넘어가게 도와 주지.

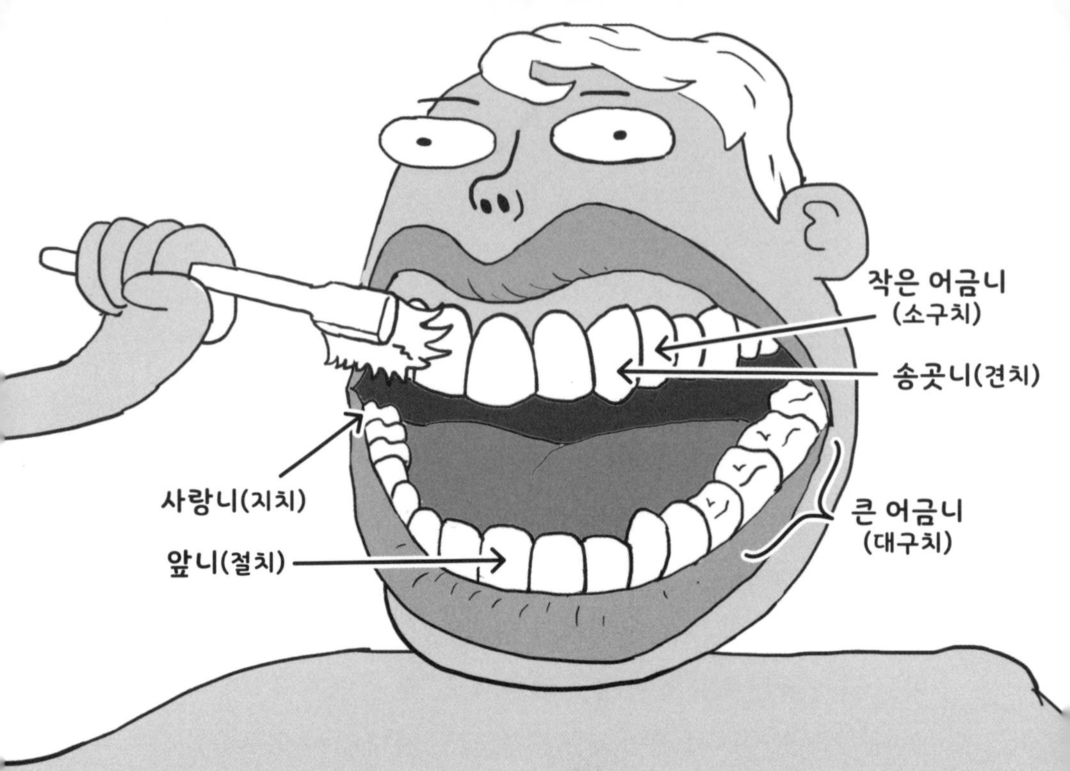

작은 어금니
(소구치)

송곳니(견치)

큰 어금니
(대구치)

사랑니(지치)

앞니(절치)

이

혀로 음식 맛을 보았으니 이제는 꼭꼭 씹어야겠지? 태어나서 가장 먼저 나오는 이가 젖니야. 유치라고도 하지. 대개는 출생 후 몇 달이 지난 뒤부터 나기 시작해서 총 20개가 자라. 그다음에 나오는 이를 성치(또는 영구치)라고 부르는데, 성치가 하나씩 밀고 올라오면서 젖니가 빠진단다. 성치는 '어른의 이'라는 뜻이야. 주로 만 다섯 살에서 여섯 살 사이에 나오니까 성치라고 부르는 건 좀 이상하지 않나? 어쨌든 빠진 젖니를 지붕 위로 던지면 까치가 물고 갔다가…… 새 이로 가져다준대! 그런데 헌 이는 가져가면서 왜 손톱이나 상처에 생겼다 떨어지는 딱

지는 가져가지 않을까? 그야 피딱지를 물고 날아가는 까치를 상상하면 너무 이상하잖아. 생각만 해도 토할 것 같은데.

아무튼 의사들은 성치가 나오는 것을 '맹출'이라고 불러. 이름이 좀 거창하지? 의사들이야 하루 종일 사람들의 입을 들여다보는 게 직업이니까 일을 조금이라도 더 재미있게 하고 싶겠지. 이는 겉으로 나와 있는 부분보다 숨어 있는 부분이 훨씬 더 크단다. 이의 아랫부분을 치근이라고 해. 치아 뿌리라는 뜻이야. 식물의 뿌리처럼 턱 속에 깊숙이 박혀 있기 때문이지.

너의 영구치는 모두 32개야.

앞니 8개: 날카로운 앞니는 '절치'라고도 해. '절切'은 자른다는 뜻인데, 그게 바로 절치가 하는 일이거든. 너의 전용 나이프라고나 할까?

송곳니 4개: 맞아. 송곳처럼 뾰족한 이야. 앞니 옆에 위치하고 음식을 찢을 때 사용하지. '견치'라고도 부르는데 '견犬'은 강아지라는 뜻이야. 그래서인지 피핀도 항상 송곳니를 내밀고 이유 없이 내 새 운동화를 뚫어 놓더라.

작은어금니 8개: 분쇄기처럼 음식을 부수는 역할을 해.

큰어금니 8개: 윗면이나 아랫면이 평평해서 맷돌처럼 음식을 더 잘게 부술 수 있어. 음식은 항상 꼭꼭 씹어 먹어야 해. 그러지 않으면 장에 탈이 날 수도 있거든.(장담하는데, 장에 탈이 나는 건 절대 즐거운 일이 아니라니까.)

> 입술이 붉거나 분홍빛을 띠는 이유는 다른 부분에 비해 피부가 얇아서 그 안에 있는 혈관이 보이기 때문이야!

사랑니 4개 : 입의 가장 안쪽에 있는 사랑니는 열여덟 살이 될 때까지 잠을 자고 있어. 그러다 사랑니가 이상한 모양으로 자라면 뽑아야 하지.(물론 네가 직접 뽑는 게 아니라 치과에 가야 해.) 사랑니라는 이름이 붙은 건 사랑을 느낄 때쯤 이가 나오고 나온 뒤에는 마치 첫사랑을 앓듯이 아프기 때문이야. 하지만 열여덟 살이 되기 전에 첫사랑을 할 수도 있지 않을까? 아무래도 클라이브 회장에게 편지 한 통 더 보내야겠네.

이는 뼈와 색깔이 똑같지만 그렇다고 이가 뼈로 이뤄진 건 아니야. 이는 한번 상하면 뼈처럼 저절로 낫지 않거든. 우리에겐 나쁜 소식이지만 치과 의사들에겐 좋은 소식이겠지? 이는 한번 부러지면 다시 붙지 않아. 하지만 젖니가 부러졌다면 영구치가 나올 때까지 기다리면 돼.

이의 겉면은 법랑질이라고도 부르는 **에나멜질**이라는 물질로 이뤄져 있어. 에나멜질은 우리 몸에서 가장 단단한 물질이야. 하지만 아무리 단단하다고 해도 한계가 있어. 단 음식이나 신 음식을 너무 많이 먹으면 상하기도 하거든. 이를 자주 닦지 않아도 마찬가지고. 그러니까 이를 자주 닦아야 해. 1분에 세 번씩. 아이고, 미안. 하루에 세 번. 휴, 큰일 날 뻔했네. 에나멜질이 닳으면 이의 안쪽 부분이 드러나겠지? 그러면 이가 지독하게 아플 수도 있고 때로는 충전재를 넣어 주어야

우리는 태어날 때부터 평생 사용할 이를 모두 갖고 태어나. 마치 2층 버스처럼 젖니 밑에 영구치가 들어 있거든.

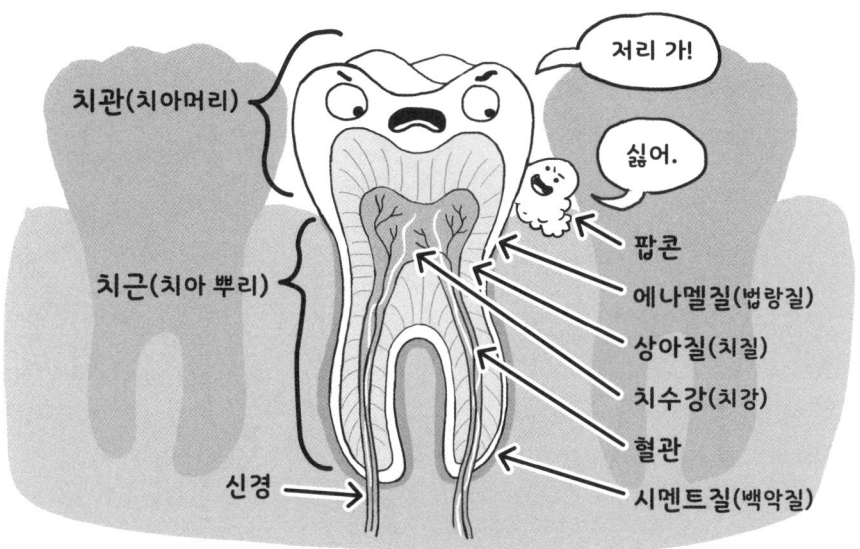

해. 플라스틱이나 금속으로 만든 충전재로 이에 난 틈을 메워야 한다는 뜻이야. 더 길게 얘기하지 않을게. 이를 자주 닦든지 아니면 치과에 가서 드릴로 치료를 받든지 둘 중 하나를 택하렴.

에나멜질 속에는 **상아질**이 들어 있어. 상아질은 이의 형태를 유지해 주는 지지대와도 같아. 이의 한가운데는 **치수강**이 있고 모든 신경과 혈관이 그 안에 살고 있단다. 치근 바로 밑에는 치근을 턱과 이어주는 **시멘트질**이 있어. 시멘트가 무엇인지는 알지? 시멘트질은 시멘트와 비슷하게 이를 턱에 붙여 주는 접착제 역할을 해.

코

이 녀석은 잘 알지? 얼굴 한가운데 있고 아래쪽에는 2개의 구멍이 뚫려서 하루의 절반쯤은 손가락이 그 안에 들어가 있잖아. 눈치 챘는지 모르겠지만 이 책에 나온 해골들에게는 코가 없어. 왜인지 아니? 삽화를 그린 헨리가 어찌나 게으른지 코를 그리기가 귀찮다고 하더라고. 이건 농담이고, 코는 연골이라는 물질로 이뤄져 있기 때문이야. 연골은 뼈와 비슷하지만 훨씬 더 물렁물렁하고 유연하지. 손가락으로 코를 한 번 눌러 봐. 그런 다음 이마를 눌러 보렴. 어떻게 다른지 알겠지?(그런데 헨리가 게으른 건 사실이야. 이 책에 넣은 그림을 하나도 색칠하지 않았잖아. 쳇.)

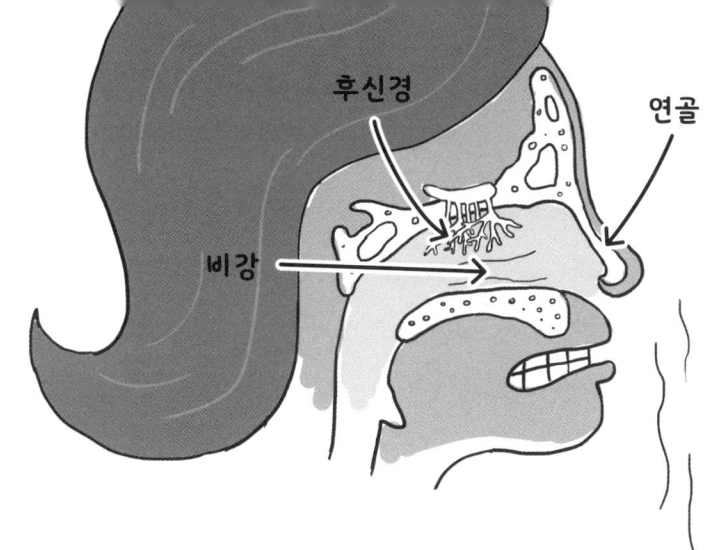

양쪽 콧구멍 사이를 가르는 게 코중격이야. 코중격도 연골이기 때문에 이리저리 움직이지.(혹시 네가 기분 전환 삼아 더 굵은 손가락을 넣고 싶을지도 모르잖아.)

내가 폐에게 물어봤는데 우리가 숨을 쉴 때 폐가 가장 좋아하는 통로는 우리 코라고 하더라고. 그래서 콧속에는 털이 가득한 거야. 먼지나 오염 물질이 폐로 들어가는 것을 막기 위해서지. 코털은 별로지만 입에 털이 나는 것보다는 낫지 않을까? 입안에 털이 나 있다면 그 사이에 낀 밥풀을 매일 빼 줘야 할 걸.

그리고 코는 우리 몸에서 유일하게 평생 자라는 부위야. 자라고 싶어서 자라는 건 아니고, 중력 때문에 연골이 조금씩 쳐지면서 코가 길어지거든. 거짓말을 해도 코가 커지긴 하지. 네가 피노키오라면 말이야.

코의 기능

네 코의 모양이 마음에 들지 않는다고? 그래도 코는 아주 중요한 일을 해.

냄새 맡기

코가 하는 일 가운데 가장 중요한 일은 냄새를 맡는 거지. 냄새를 어떻게 맡느냐고? 콧속 비강의 맨 위쪽에는 주위에서 풍기는 수많은 향기와 고약한 냄새를 감지하는 감각 기관들이 자리하고 있어. 냄새가 들어오면 **후신경**이 뇌에 정보를 전달하고 뇌는 다시 우리에게 코를 막아야 할지 말아야 할지 알려 준단다.

코는 무려 1조 가지의 냄새를 구분할 수 있어. 1조가 얼마냐고? 지구가 탄생한 이후로 지구상에 살았던 사람들을 모두 합쳐도 1조의 10분의 1에 불과해. 그러니까 1,000,000,000,000가지의 냄새를 구분할 수 있다는 뜻이야. 그중에서 가장 지독한 냄새는? 틀림없이 네 발 냄새겠지.

콧물

코 이야기가 재미있다고? 솔직히 콧물 얘기 들으려고 여기까지 온 거 아니니? 코의 주요 임무가 냄새를 맡는 일이라면 두 번째 임무는 콧물을 만드는 일이거든. 사실, 콧물은 아주 중요한 친구야. 이 끈적거리는 액체는 코 안쪽을 얇게 덮고 있다가 공기 속에 숨어 몰래 들어오는 먼지나 오염 물질을 잡아 주거든. 가끔 이 액체가 콧구멍 아래쪽으로 내려와서 공기와 만나 말라붙기도 하는데 이게 바로 코딱지야. 다른 이름으로는 맛좋은 오전 간식이라고 알려져 있지.

코딱지에는 더러운 미생물과 오물이 섞여 있으니까 절대로 먹어선 안 돼. 게다가 콧구멍에 자꾸 손가락을 넣으면 코에 상처가 날 수도 있어. 하지만 네가 이 말을 들을까? 어차피 넌 지금도 코딱지를 후비려고 하잖아. 어른들은 콧구멍에 손가락을 넣지 말라고 하겠지만 사실은 어른들도 열 명 중 아홉 명은 코딱지를 후빈다고 인정하더라니까. 나머지 한 명은 거짓말을 하는 거겠지. 아, 이건 중요한 건데 코딱지를 먹어서 특별히 좋을 건 없지만(미안하지만 비타민은 들어 있지 않거든) 그렇다고 해롭지도 않아. 그래도 코딱지를 식사 대신 먹는 건 피해야겠지? 항상 손을 깨끗이 씻고, 코를 후비더라도 지구 반대편까지 뚫고 나갈 기세로 후비적거리지 말도록. 뭐? 나한테 샌드위치를 만들어 주겠다고? 아, 아니야. 사양할게.

감기에 걸리거나 알레르기가 일어나거나 바깥 날씨가 추우

면 코는 점액을 더 많이 만들어 내. 그러면 욕조 속 물이 가득 차 넘치듯이 코끝에서 콧물이 흘러나오지. 넘쳐흐르는 콧물은 당연히 티슈로 가야겠지?(하지만 현실에서는 옷소매로 가겠지.)

재채기

코는 수상한 낌새를 느끼면 재빨리 뇌에게 메시지를 보내고, 그러면 뇌가 가슴 근육에게 코에 있는 공기를 빨리 내보내라고 지시해.(지금 재채기 얘기를 하는 거야.) 재채기가 나오려고 하면 참지 말고 해야 돼.(티슈로 입을 막고 한다면 더 좋겠지?) 재채기를 참으면 심각한 문제가 생길 수도 있거든. 고막이 터질 수도 있고 눈의 혈관이 상할 수도 있어. 심지어 갈비뼈가 부러질 수도 있다니까. 이렇게 되기를 바라지는 않겠지? 에에에에취!

코피

다행히 피는 대개 우리 몸속에 머물러 있어. 하지만 가끔 콧구멍으로 탈출을 시도하기도 하지. 건조한 공기가 콧속을 자극하거나 감기에 걸렸을 때, 또는 못된 축구공이 얼굴을 때렸을 때 코피가 나기도 하지만, 대개는 손가락으로 쑤셔서 나는 거겠지? 코피는 대부분 심각한 문제가 아니지만 그래도 어른에게 도움을 청하렴. 네 옷에 피가 묻으면 찝찝하니까 어른들 옷에 묻혀야지. 어른이 오면 너를 의자에 앉히고 피가 목구멍으로 넘어가지 않도록 머리를 앞으로 숙이게 할 거야. 피 맛이 썩 좋지 않으니까.(혹시 네가 흡혈귀라면 모를까.) 그런 다음 손으로 네 코의 중간 위쪽을 꼬집어 10분 정도 잡고 있을 거야. 그러면 대부분 바닥을 장식하던 피가 멎지.

여자는 남자보다 냄새에 더 예민하단다. 냄새를 전혀 못 맡는 증상도 있는데, 이것을 **후각 소실증**이라고 불러.

케이의 쿵큼증 확장판(고압지?)

눈은 왜 2개일까

12개면 얼마나 이상하겠니?
그리고 눈이 2개면 사물을
입체적으로 볼 수 있거든. 양쪽
눈이 제각기 다른 방향을 보고 서로 조금 다른 광경을 뇌에게
전달해 주지. 눈을 한쪽씩 감아 보면 이 두 광경이 어떻게 다른지
알 수 있어. 뇌는 두 광경을 합쳐서 사물이 얼마나 멀리 있는지
판단해. 벽에 부딪히고 싶은 사람은 없을 테니까.

> 컴퓨터 수리점을 방문했더니 말썽인 'ㄱ'키 속에 토사물이 너무 많이 끼어 있어서 키를 새로 주문해야 한대.

색맹이 뭘까

색맹은 어떤 색깔을 구별하지 못하는 증상이야. 가장 흔한 유형은
빨간색과 초록색을 구분하지 못하는 적록 색맹이지. 혹시 산타
복장을 입어야 하는 크리스마스 행사에 빨간 모자 대신 초록
모자를 쓰고 나온 사람들도 색맹 때문이 아니었을까? 색맹은 대개
태어날 때부터 온전한 원추 세포(색을 감지하는 망막의 수용기)를
갖지 못해서 일어 나는 거야. 이런 증상은 아주 흔해서 전 세계 3억
명의 사람들(대부분 남자)이 갖고 있어.

가끔 눈앞에 이상한 사물이 보이는데, 그것은 뭘까

혹시 너희 선생님 아니야? 아, 가끔 눈 주위를 왔다 갔다 하는 점이나 구불구불한 선을 말하는 거니? 걱정 마. 벌레가 뇌를 갉아먹고 있는 건 아니니까. 그것은 부유물이라고 하는데, 아주 흔한 증상이고 대개는 걱정할 필요가 없어. 눈 속에서 이리저리 움직이는 유리체액이 보이는 거야. 유리체액이 움직인다고 해로울 건 없거든. 그래도 눈이 이상하다거나 걱정된다면 반드시 어른에게 얘기하렴.

우리는 어떻게 말을 할 수 있을까

숨을 쉴 때는 공기가 기관(숨통)의 후두라는 곳을 통과하는데, 성대도 이곳에 있어. 성대가 떨리면서 소리를 내지.(바이올린의 줄이 떨리면서 소리를 내듯이 말이야.) 그런 다음 소리가 혀와 입술로 넘어오고 혀와 입술이 움직이면서 소리가 말로 바뀐단다. 예를 들어, 'ㄸ'을 발음하고 싶다면 혀를 윗니에 댔다가 떼어야 하고 'ㅗ' 소리를 내려면 입술을 동그랗게 오므려야 하지. 'ㅇ' 받침을 발음하려면 혀뿌리를 높게 올려야 하고. 맞아, 너 방금 '똥'이라고 말했어.

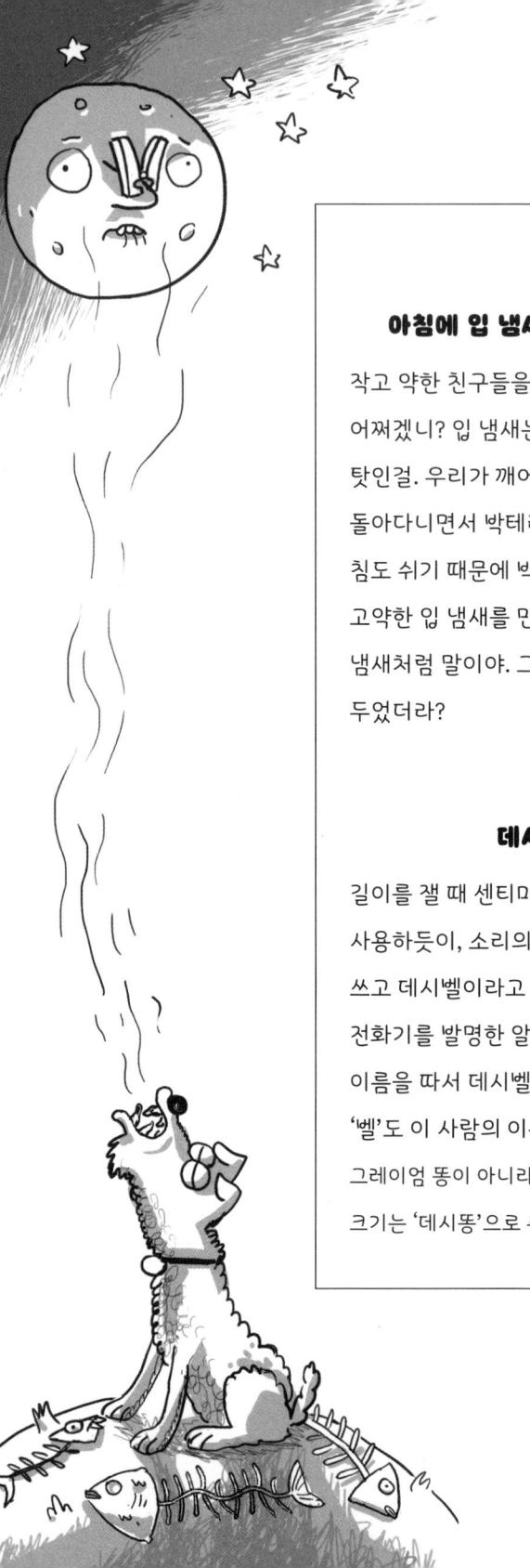

❓ 아침에 입 냄새가 나는 이유는 뭘까

작고 약한 친구들을 탓하고 싶지 않겠지만 어쩌겠니? 입 냄새는 분명 박테리아의 탓인걸. 우리가 깨어 있을 때는 침이 입안을 돌아다니면서 박테리아를 헹궈 내지만 밤에는 침도 쉬기 때문에 박테리아가 마구 날뛰면서 고약한 입 냄새를 만들어 내거든. 피핀의 입 냄새처럼 말이야. 그런데 내가 칫솔을 어디에 두었더라?

❓ 데시벨은 뭘까

길이를 잴 때 센티미터나 미터라는 단위를 사용하듯이, 소리의 크기를 잴 때는 dB라고 쓰고 데시벨이라고 부르는 단위를 사용해. 전화기를 발명한 알렉산더 그레이엄 벨의 이름을 따서 데시벨이라고 하는 거야. 전화벨의 '벨'도 이 사람의 이름을 땄지.(이름이 알렉산더 그레이엄 똥이 아니라서 다행이지. 하마터면 소리의 크기는 '데시똥'으로 측정하고 전화벨은 전화똥이 될 뻔 했잖아.) 데시벨의 숫자가 클수록 소리가 크다는 뜻이야. 속삭이는 소리는 약 20데시벨이고 보통 크기로 대화하는 소리는 60데시벨, 기차가 역을 지나가는 소리는 80데시벨, 사람이 외치는 소리는 90데시벨이야. 85데시벨이 넘는 소리는 청력을 해칠 수도 있어. 그러니까 혹시 선생님이 너에게 소리를 지르면 네 건강을 위험에 빠트렸다고 따지렴. 고맙다고? 천만에. 그러다 벌로 나머지 공부를 하게 되면 꼭 이 책을 가져가렴.

왜 조개껍데기를 귀에 대면 바다 소리가 들릴까

바다 소리가 들리는 게 아니야. 주변에서 들리던 소리가 조개껍데기 안에서 이리저리 튕겨서 다르게 들리는 것뿐이지. 하지만 솔직히 말하면 내가 듣기에도 바다 소리와 살짝 비슷하긴 하던데.

참일까, 똥일까?

우리 눈에는 모든 사물이 거꾸로 보인다.   ☑ 참 ☐ 똥

눈은 뇌에게 거꾸로 된 그림을 보내. 하늘이 밑에 있고 땅이 위에 있는 그림이지. 다행히 똑똑한 뇌가 얼른 그림을 다시 거꾸로 돌리는 거야. 덕분에 우리가 천장에 서 있는 줄 알고 당황하는 일을 피할 수 있지. 고마워, 뇌!

텔레비전을 너무 가까이서 보면 눈이 나빠진다.   ☐ 참 ☑ 똥

꼭 그렇지는 않아. 하지만 뭐든 너무 오래 보면 해로울 수는 있어. 아니면 네 뒤에 앉아 있는 사람이 비키라고 쿠션 같은 걸 던지면 눈이 아니라 다른 곳을 다칠 수는 있겠지.

사슬톱 소리보다 더 요란하게 코를 고는 사람도 있다.   ☑ 참 ☐ 똥

제초기나 진공청소기, 콘서트의 음악 소리, 혹은 진짜 사슬톱보다 더 요란하게 코를 사람도 있어. 나도 그런 사람과 살고 있는데, 악몽이 따로 없다니까. 밤새도록 코뿔소가 방귀를 뀌는 것 같아. 코 고는 소리는 입의 구개와 혀에서 나는 거야. 잠을 자는 동안 공기가 지나가면서 구개와 혀가 떨리기 때문이지.

참일까, 똥일까?

눈을 뜬 채로 재채기를 하면 눈알이 튀어나온다. ☐ 참 ☑ 똥

대부분의 사람들은 재채기를 할 때 자연스럽게 눈을 감지만 눈을 뜨고 있다고 해서 나쁜 일이 벌어지진 않아. 우리 눈꺼풀은 그렇게 튼튼하지 않거든. 어차피 눈알이 눈구멍에서 튀어나오기로 작정했다면 눈을 감아도 눈꺼풀이 막아 주지 못할 거야.

이런 일은 절대 일어나지 않음

참일까, 똥일까?

색깔을 귀로 듣거나 글을 냄새로 맡는 사람도 있다.   ☑ 참   ☐ 똥

감각의 일부가 뒤죽박죽되는 걸 공감각이라고 해. 흔하지는 않지만 실제로 있다니까. 달력을 봐. 오늘이 4월 1일도 아니잖아.(네가 하필 4월 1일에 이 책을 읽고 있다면 어쩔 수 없지만. 어쨌든 내 말을 믿으라고.)

뱀은 꼬리로 소리를 듣는다.   ☐ 참   ☑ 똥

꼬리로 소리를 듣는다고? 말도 안 돼. 뱀은 턱뼈로 소리를 들어. 네 방 카펫 위를 스르르 미끄러지며 턱으로 바닥의 진동을 감지하지. 미안, 네 방이 아니라 숲이지. 내가 잘못 썼네. 걱정 마. 네 방 카펫에 뱀 따위는 없을 거야.

우리는 자는 동안에도 소리를 듣는다.   ☑ 참   ☐ 똥

우리 몸은 쉬고 있지만 귀는 밤에도 쉬지 않거든. 자는 동안에는 귀가 전달하는 메시지를 뇌가 대부분 무시하지만 깜빡깜빡 졸 때는 그렇지 않아. 그러니까 수업 시간에 조금 졸아도 괜찮지 않을까?

부록

...

그러고 보니 영어로 '충수'를 뜻하는
'어펜딕스appeddix'에는 '부록'이라는 뜻도 있었네.
그렇다면…… 역시 아무것도 하지 않음.

용어 해설

• • •

의사들은 인체와 여러 가지 질병을 일컫는 용어를 1만 5000개쯤 새로 배워. 외국어 한 가지를 유창하게 말하기 위해 배워야 하는 단어보다 더 많지! 그 많은 용어를 여기에 다 실으면 책이 무거워져서 들 수도 없을 거야.

가스 분출 | 장내에서 일어나는 가스 폭발. 쉬운 말로 방귀.

골막 | 뼈의 표면을 감싸고 있는 얇은 막. '뼈막'이라고도 함.

관절 | 뼈와 뼈가 연결되는 부위.

교조증 | 손톱을 물어뜯는 습관. 더 나쁜 습관도 있는데 가장 더러운 건 식분증. 똥을 먹는 습관임.

귀지 | 혹시 우아한 파티에서 귀지 얘기를 해야 한다면 '이구'라는 고상한 말을 쓰도록.(딱히 그럴 일은 없겠지만.)

귓바퀴 | 바깥으로 나와 있는 귀의 너덜거리는 부분.

기관(숨통) | 입과 폐를 연결해 주는 공기관. 장기를 뜻하는 기관과 헷갈리지 말것.

기관지 | 기관(숨통)과 양쪽 폐를 잇는 두 개의 주요 관. 숨쉬기를 좋아한다면 갖고 있는 게 좋음.

꼬리뼈 | 척추 맨 아랫부분. '미골'이라고도 부름.

네프론 | 신장 세포에 왜 '뉴런'과 비슷한 이름을 붙였는지 모르겠음. 헷갈리게 하려고 그런 듯.

노동맥 | 맥박을 짚을 때 쓰는 손목 아래쪽의 동맥. 늘 대동맥이 우리 몸의

주요 동맥이라고 소개해서 노동맥은 항상 삐쳐 있음.

눈곱 | 매일 아침 눈에 끼어 있는 더러운 오물. 재료는 점액과 먼지, 피부 세포, 거미 똥.(하나는 아닐 수도 있음.)

뉴런 | 뇌세포나 신경 세포라고 부르기도 하지만 정식 이름은 뉴런.

늑간근 | 갈비뼈 사이사이에서 폐가 움직이도록 도와주는 작은 근육. 매우 거만함.

달팽이관 | 귀의 안쪽, 즉 내이에서 소리를 신경 전달 물질로 바꿔 뇌로 보내 주는 기관. '와우관'이라고도 함. 달팽이와 비슷하게 생겼다고 해서 붙은 이름.(그래도 달팽이보다 훨씬 빠른 속도로 뇌에 메시지를 전달해 줌.)

대뇌 | 뇌의 주요 부분. 생각하는 일, 몸을 움직이는 일, 살아 있는 일 따위의 시시한 일을 맡고 있음. 별거 아님.

대동맥 | 우리 몸의 주요 동맥.(서운해 하지 마, 노동맥.) 산소가 가득 담긴 혈액을 심장에서 온몸으로 옮겨 줌.

대둔근 | 대둔근이 없으면 엉덩이를 움직일 수 없음. 대둔근이 없으면 엉덩이도 없음. 대둔근이 곧 엉덩이니까.

대변 | 똥의 고상한 이름.

대식 세포 | 나는 피자를 즐겨 먹는 인간. 피핀은 옆집 강아지 똥을 즐겨 먹는 우리 집 개. 대식 세포는 병균을 즐겨 먹는 백혈구.

대정맥 | 우리 몸에서 가장 굵은 정맥. 10원짜리 동전만 한 폭.(동전을 넣어 보지 말 것.)

두정엽 | 촉각을 느끼고 통각을 느끼는 뇌의 엽. 방금 한 말 왠지 래퍼 같지 않았니? 혹시 이 책이 서점에서 힙합 음악 코너로 가는 건 아닐까?

똥 | 의학 용어가 아닌데 왜 여기 들어왔지?

로봇 도우미 | 아직도 안 샀니?

모낭충 | 속눈썹에 사는 힘센 진드기.

모세 기관지 | 기관지에서 갈라져 나온 더 가느다란 관들. 기관지와 모세 기관지는 사이좋은 친구 사이임.

목젖 | 목구멍 안쪽에서 모빌처럼 늘어져 달랑거리는 살.

배아 | 아기로 변하는 신기한 마법을 부리는 세포 뭉치.

복명 | 한동안 밥을 먹지 못했을 때 장에서 나는 꼬르륵꼬르륵 우르릉우르릉 하는 소리.

섬유소 | 상처에 딱지를 만들어 피를 흘리다 죽지 않도록 도와주는 착한 녀석.

소뇌 | 몸의 균형을 책임지는 뇌의 작은 부분. 줄타기를 잘하고 싶다면 매우 중요함. '작은 뇌'라는 뜻. 아웅, 귀여워.

소엽 | 작은 엽. 소뇌는 작은 뇌, 소엽은 작은 엽. 그렇다고 소금이 작은 금이라는 뜻은 아님.

시멘트질 | 이를 턱에 고정해 줌.('질'만 빼면 시멘트니까 시멘트와 똑같은 역할을 함.) '백악질'이라고도 함.

시상 하부 | 뇌에서 배가 고프거나 졸리다는 신호를 보내는 부분. 아무래도 피핀의 시상 하부는 거대한 것 같음. 항상 배고프고 항상 졸리니까.

식도 | 입으로 들어간 음식이 어떻게 위까지 갈까? 미끄럼틀을 타고? 아니면 순간 이동으로? 아니면 식도를 타고?(정답은 식도.)

심방 | 혈액이 들어가는 심장의 위쪽 부분. 사람이 들어갈 수 있는 방은 아님.

심실 | 심장 아래쪽, 혈액이 흘러나가는 부분. 심실을 영어로 '벤트리클ventricle'이라고 하는데 이 말은 라틴어로 '위'라는 뜻. 라틴어를 썼던 로마인들의 해부학은 뒤죽박죽이었음. 이 책을 읽었더라면 좋았을 텐데.

용어 해설

엉덩이 | 이것도 의학 용어가 아니잖아! 내 고상한 용어 해설 코너에서 나가란 말이야!

에스트로겐 | 사춘기에 일어나는 여러 가지 변화를 담당하는 주요 여성 호르몬.

염색체 | 세포 속에 살고 있고 유전자를 담고 있음.

엽 | 부위라고 할까? 뇌와 폐, 간, 신장 같은 장기들은 여러 개의 엽으로 나뉘어 있음.

요관 | 신장에서 방광까지 오줌을 수송하는 통로. 지독한 직업인 듯.

요도 | 통로 시리즈인가? 요도는 방광에 있는 오줌을 바깥세상으로 내보내는 통로. 첨벙!

용어 해설 | 책 뒤쪽에 여러 용어의 의미를 설명해 놓은 따분한 코너.

우심증 | 심장이 몸 오른쪽에 있는 희귀한 질환.(혹시 책을 대충 읽었다면 다시 한번 말해 줄게. 심장은 원래 왼쪽에 있음.)

윤활액 | 관절 속에 들어 있는 액체. 윤활액이 없으면 걸을 때마다 무릎에 과자가 가득 들어찬 것처럼 소리가 날 수도 있음. 바삭, 바삭, 바삭.

자궁 | 여성의 생식계 가운데 아기가 자라는 곳.

자궁 경부 | 자궁과 질 사이에 있는 도넛 모양의 구조물. '자궁목'이라고도 함.

종양 | 세포가 지나치게 빨리 자라서 만드는 혹. 암은 종양의 한 종류임.

중수골 | 양쪽 손바닥에 다섯 개씩 자리한 뼈. 혹시 한 손에 다섯 개가 넘는 뼈가 있다면 병원에 가볼 것. '손허리뼈'라고도 부름.

중족골 | 양쪽 발에 다섯 개씩 자리한 긴 뼈. 손에 있는 중수골과 비슷하지만 냄새가 좀더 고약함. '발허리뼈'라고도 부름.

직장 | 똥이 변기에 떨어지기 전에 마지막으로 거쳐 가는 곳.(어제 피핀의 똥은

변기가 아닌 카펫으로 떨어졌음. 조금 짜증 났음.)

케라틴 | 머리카락을 맛있게, 아니, 튼튼하게 만드는 물질. 머리카락 좀 그만 씹어 먹으렴. 참고로 '각소'라고도 불러.

코중격 | 양쪽 콧구멍 사이를 가르는 연골. 이것 덕분에 콧구멍은 하나가 아니라 두 개가 되었음.

타액 | 침, 군침. 입을 촉촉하게 해 주고 음식을 삼키도록 도와줌.

태반 | 임신 기간 동안 자궁에 나타나서 성장하는 아기에게 음식을 전달하는 기관. 음식 배달 서비스처럼.(단, 배달하는 음식은 오로지 혈액임.)

탯줄 | 태반과 아기의 배꼽을 연결하는 통로. 태어날 때 자름. 다행히 탯줄 속에는 신경이 없어서 잘라도 아프지 않지만 아기들이 요란하게 우는 것을 보면 아플지도 모름.

테스토스테론 | 사춘기의 여러 가지 변화를 책임지는 주요 남성 호르몬.

편도체 | 뇌에서 무언가를 느낄 때 사용하는 부분. 주로 감정을 느낌.

폐포 | 폐에 있는 수백만 개의 작은 공기주머니. 산소를 전달하기에 좋지만 진짜 주머니처럼 돈을 넣을 수는 없음.

피핀 | 우리 집 강아지. 흙탕물에 뛰어들지만 않으면 사랑스러움.

항생제 | 박테리아를 물리쳐 주는 약. 확실하지는 않지만 아마도 초소형 레이저 총을 가지고 다니면서 박테리아가 나타나면 공격하는 듯.

해마 | 뇌에서 기억을 돕는 부분. 기억하지?

해면 골질 | 뼈의 여러 층 가운데 하나. 구멍이 숭숭 뚫려 있지만 원래 그러니까 걱정할 필요 없음.

혈색소(헤모글로빈) | 혈액이 산소를 운반할 수 있는 이유는? 혈색소가 있으니까! 혈액이 붉은색을 유지하는 이유는? 역시 혈색소가 있으니까! 피자가

맛있는 이유는? 혈색소와 상관없음.

호르몬 | 몸의 신호 전달 체계. '기운을 내다'라는 뜻의 그리스어에서 나온 이름. 와! 기운 내, 호르몬!

홍채 이색증 | 양쪽 눈의 색이 서로 다른 증상. 간혹 한쪽 컬러 렌즈가 빠졌을 때에도 같은 증상이 일어남.

횡격막 | 숨을 쉬게 해 주고 폐와 위를 구분해 주는 둥근 지붕 모양의 커다란 근육. '가로막'이라고도 함.

효소 | 음식이 우리 몸에 흡수되도록 분해해 주는 화학 물질. 효소의 이름은 대부분 '제'로 끝남. 예를 들어 리파아'제'는 지방을 분해하는 효소고, 침에 들어 있는 아밀라아'제'(아밀레이스라고도 부르지만)는 탄수화물을 분해하는 효소임. 어'제'는 오늘의 전날임.

후각 소실증 | 냄새를 맡을 수 없게 되는 것. 피핀과 함께 사는 사람에게는 편리할 듯.

후두덮개 | 과자가 기관(숨통)으로 넘어가는 것을 막아 주는 목구멍의 덮개.

후두엽 | 용어 해설이 재미있니? 재미없다고? 예의가 없군. 지금 네 눈이 보고 있는 용어들은 모두 뇌의 후두엽으로 보내지고 있음.

얼룩말 | 말에게 페인트칠을 해 놓은 듯한 커다란 동물. 해부학과는 별 상관없는데다가 '가나다' 순도 아니지만 영어 사전은 항상 얼룩말을 뜻하는 '제브러Zebra'로 끝나니까(이 책은 영국에서 왔음) 한번 넣어 봤음. 게다가 헨리가 그린 얼룩말 그림이 너를 의미심장한 표정으로 쳐다보는 게 무척 마음에 듦.

찾아보기

ㄱ

가래 105~107
가려움 40, 49, 162
각막 57, 171, 172
간지럼 48, 216
감각 이상 148
감기 20, 167, 201, 203
감염 23, 35, 41, 44, 50, 107
감정 135, 141, 216
거머리 94~95
거미 48, 69, 92, 143, 213
결막염 172
고래 69, 116
고양이 43, 65, 72, 157
곰팡이 28
공감각 210
공기관 212
공막 171, 172
공포증 140~141
공해 110, 158
공황 발작 142~143

관절 212, 215
교조증 165, 212
구개 193, 208
구더기 50
귀 176, 181~184, 186~188, 190, 207, 210, 212~213
귀지 181~184, 186~187, 212
귓바퀴 182, 187, 212
균형 65, 125, 126, 185, 214
그리스어 81, 217
기관(숨통) 99~101, 106, 117, 119, 205, 212, 217
기관지 100
기억 127, 134, 137, 139~140, 216
기절 34, 92, 93, 116, 142
기흉 114
꿈 137~138

ㄴ

난독증 136
날숨 98

찾아보기

농가진(고름 딱지증) 46
뇌전증 19, 135,
뇌졸중 144
뇌줄기 125~126
눈 27~28, 30, 32~33, 43, 57, 76, 125, 137, 153, 156~157, 160, 170~180, 182, 185, 186, 202, 204~205, 208~209, 213, 217
눈곱 177, 213
눈꺼풀 27, 32, 157, 170, 175~177, 209
눈물 172, 176, 177
눈썹 156
뉴런(뇌세포) 132~133, 212~213
늑골(갈비뼈) 101, 104~105, 202, 213

ⓒ

달팽이관(와우관) 182, 184~186, 188, 190, 213
닭살 35
담배 21, 66~67, 107, 109, 110, 145, 189,

당근 51
대뇌 124, 126, 131, 213
대동맥 78~80, 212~213
대둔근 18, 213
대머리 159, 162~163
대변 213
대식 세포 213
대정맥 78, 80, 213
데시벨 206~207
동공 171, 173
동맥 58~60, 63~66, 78~81, 212~213
두려움 128, 143
들숨 98
등골(등자뼈) 182~183
딱지 46, 91~92, 195, 214
딸꾹질 117
땀 32~35, 70, 140, 142, 156~157
땀샘 31~35
똥 12, 14, 21, 23, 102, 105, 126, 159, 163, 180, 205~206, 212~213, 216

219

ㄹ

레이저 175, 177, 179, 216

ㅁ

마시멜로로 만든 실내복 37
마약(약물) 21, 144~145
말하기 125
망막 171, 174, 178~179
맥박 63, 64~65, 69, 212
맹인 180
머릿니 160
먼지 27, 106, 111, 113, 157~158, 176~177, 186, 199, 201, 213
멍(타박상) 20, 37, 39~40
멜라닌 30, 154, 161, 173
모낭 44, 153~154, 159, 163, 166,
모낭충 157, 214
모세 기관지 100, 102, 214
모세 혈관 78, 81,
목구멍 13, 100, 106, 187, 192~193, 203, 214, 217
목욕 49
문신 32
물렁뼈 182

물집 37~38, 46
미생물 29, 39, 106, 165, 201

ㅂ

바이러스 23, 28, 39, 85, 107, 192
박테리아 14, 23, 28, 35, 50, 85, 206, 216
반려동물 28, 113
발가락 12, 35, 58, 131
발작 112~113, 135, 142
발톱 164, 168
방귀 16, 29, 98, 116, 138, 181, 187, 208, 212
백혈구 82, 84~86, 213
뱃멀미 185
버섯 113, 139
벌레 28, 49, 85, 92, 205
벨, 알렉산더 그레이엄 206
부유물 205
북 61, 183, 187
불안 45, 142
비듬 162
비타민 43, 201
뾰루지 20, 43~45, 50

ㅅ

사시안 175

사춘기 20, 44, 157, 159, 162, 215~216

산소 39, 57~58, 60, 62, 66~67, 69, 77, 79~81, 83, 87, 92, 98, 102~103, 109, 118, 126, 144, 213, 216~217

상아질 197

상처 41~42, 49~50, 86, 91, 93, 157, 172, 194, 201, 214

색맹 204

서캐 160

섬유소 91~92, 214

성대 205

세균 39, 85, 91, 107, 143, 192

소뇌 125~126, 147, 124

소화 기관 77

속눈썹 16, 157, 214

손톱 164~165, 166, 168, 176, 194, 212

수면 136, 138

수어 189, 190

수정체 171, 173~174, 178~9

수포 38, 41, 46

순환 59, 78~79

술 21, 66~67

숨쉬기 98, 114, 119, 126, 212

스트레스 161~162

습진 40, 113

시각 125

시력 170, 179~180

시멘트질(백악질) 197, 214

시상하부 127, 214

시신경 171, 174

시피아르(CPR, 심폐 소생술) 68

식도 99, 100~101, 191, 214

신경계 129

심박 61~62

심방 59, 214

심실 59, 215

심장 15, 22, 55, 56~58, 60~69, 72~73, 78~80, 101~102, 109, 112, 115, 126, 141~142, 144, 213~215

심장 마비 69~70, 144

심장 박동 92, 126

심장 충격기 67~68

심혈관계 질환 66

◎

아기 67, 83, 191, 214~216
아데노이드 191~192
아인슈타인, 알베르트 146, 149
안경 140, 172, 175, 178~179
안내견 180
알레르기 73, 201
암 109, 180, 215
야간 토안(토끼눈증) 174
얼굴 45~46, 125, 157, 159, 177, 190, 198, 203
엉덩이 13, 18, 57, 58, 62, 101, 124, 129, 192, 213, 215
에나멜질(법랑질) 196~197
에디슨, 토머스 146
엑스레이 13, 73
여드름 44~45
연골 182, 198~200, 214
염증 39, 94, 115, 172, 180, 186, 191~192
엽 124, 126, 213~215
예방 35, 113, 135, 163, 193

오줌(소변) 23, 86, 118, 215
오징어 92
올빼미 174
외이도(바깥귀길) 182~183, 186
우심증 73, 215
우울증 141
울음 176
유리체액 171~173, 205
유스타키오관(귀관) 182, 187
음모 157
응급 70
이산화탄소 98, 102~103, 105, 116
이식 68~69, 163, 190
인공 심장 71
입 13, 36, 43, 46, 66, 94, 99, 102, 106, 112, 191, 191~193, 195, 196, 199, 202, 208, 214, 216
입 냄새 109, 176, 206
입술 34, 58, 168, 191, 193, 195, 205

ㅈ

자폐증 135

잠 21, 54, 56, 79, 88, 126, 136~138, 146, 208

재채기 72, 167, 202, 209

적혈구 82~86

전기 61~62, 68, 129, 190

점 47

점액 105, 107, 109, 177, 201, 213

정맥 59~60, 66, 78~81, 87, 92, 213

젖소 90

조개껍데기 207

좀비 64, 68, 128

주름 43, 47, 149

주의력 결핍 과잉 행동 장애(에이디에이치디, ADHD) 134

충격 199

충격 결손 67

취포 102, 118

지문 32, 49

지방 32, 85, 217

진피 30~33, 38, 41~43

질병 20, 79, 85, 111, 113, 141, 162, 180, 212

ㅊ

창(문) 102

척수 129~131, 146

천식 20, 111~115

청각 장애 189

청력 185, 188~190, 207

청진기 115

체온 33, 35, 102, 187

체온 조절 33

초파리 69

추골(망치뼈) 182~183

치매 140

치수강 197

치아 13, 186

침골(모루뼈) 181~183

ㅋ

카메라 170~173

케라틴(각소) 153, 164, 216

코끼리 69, 153~154, 187

코딱지 19, 193, 201

콜라겐 42

콧구멍 124, 158, 193, 199, 201, 203, 214
콧물 177, 201~202
큐티클(각피) 165

ㅌ
타르 109
타액 216
타조 133, 170
탄생점 47
탈모증 163
태반 216
턱(뼈) 69, 195, 197, 210, 214
테스토스테론 159, 216
투쟁 도피 반응 126

ㅍ
편도 191~192
편도체 128, 216
폐 12, 15, 22, 55, 56, 58~60, 98~107, 109~112, 114~116, 118, 158, 198, 212~213, 215~217
폐포 100, 102, 109, 118, 216

표피 30~31, 38, 41
피부의 벌레들 28, 49
피지샘 30, 32, 44, 153
피하조직 31

ㅎ
하마 13, 80, 127
항생제 46, 216
해달 137
해마 127, 140, 216
햇볕 화상(일광 화상) 43
혀 13, 57, 109, 129, 191, 193~194, 205, 208
혈색소(헤모글로빈) 83, 92, 217
혈소판 82, 85~86, 91
혈액 뇌 장벽 127
혈장 38, 82, 86~87
호두 126, 147
호르몬 87, 159, 161, 215~217
호흡 98~99, 102~103, 107, 112, 114~115, 119, 192
홍채 171, 173, 217
화(분노) 45, 128~129, 139
화상 41

횡격막 100, 103, 104~105, 117, 217

후각 소실증 203, 217

후두덮개 99~101, 119, 191, 217

휠체어 146

흡수 107

흉터 41~43, 47, 50, 116

흡연 107, 109

흡입기 113~114

흡혈귀 76, 79, 203

쉬어 가며

...

아주 중요한 걸 빠트림! 다들 숙제나 준비물 한번쯤 까먹고 그러잖아?

내가 중요한 걸 빼먹었지 뭐야. 그게 뭐냐면…… 네가 아직 우리 몸에 대해 절반밖에 모른다는 사실이야! 여기까지 와서 무슨 뚱딴지같은 소리냐고?(피핀이 그런 소리를 잘 내긴 하지. 특히 내 신발을 씹으면서 말이야.)

잘 생각해 보렴. 네 몸에 대한 궁금증이 다 풀렸니? 정말? 우린 아직 돌아보지 못한 곳이 수두룩해. 예를 들어 똥이라든가…… 또…… 똥이라든가. 아, 미안. 어쨌든 우리 몸을 이해하는 데 네가 알아야 할 것들이 아직 많이 남아 있다는 거지. 살짝만 이야기하자면,

- 키는 왜 크다가 어느 순간 멈출까?
- 갈색 음식을 먹지도 않았는데 똥은 왜 갈색일까?
- 아기는 울고, 울고, 자꾸 우는데, 혹시 엄마 배 속에서도 울까?
- 그보다 먼저, 아기는 어떻게 생기는 걸까? (부모님께 물어봤는데 얼렁뚱땅 넘어간다면 모르는 게 분명하니까 이 책을 먼저 읽으라고 드릴 것.)
- 산다는 건 뭐고, 죽는다는 건 뭘까?(갑자기 생각이 많아졌니? 아니면 좀 으스스해?)

정말 우리 몸에는 아직도 이상하고 궁금한 것들이 많지 않니? 그리고 또 중요한 문제가 남았잖아. 드디어 노트북 수리점에서 'ㄱ'키를 주문했다고! 2권에선 더 이상 '쿵금증'이라고 쓰지 않아도 될 것 같아. 그게 너무 기대돼.

이제 끝이야. 또 보자, 똑똑한 친구.(아니 너 말고 뒤에 있는 친구.)

앗, 참! 내가 이렇다니까. 이게 진짜 마지막이야. 나도 얼른 2권으로 넘어가고 싶으니까 빨리 말할게. 내가 지금 뭘 만들고 있거든. 너한테만 몰래 이야기해 주고 싶어서 그래. 내가 만들고 있는 게 뭐냐면······ 두구두구두구(심장 소리 아님) 타임머신!

응? 반응이 왜 그래? 진짜라니까?

2권에 계속······

옮긴이 박아람

전문 번역가. 주로 문학을 번역하며 KBS 더빙 번역 작가로도 활동했다. 『마션』, 『이카보그』, 『아우슈비츠의 문신가』, 『아이 러브 딕』, 『내 아내에 대하여』, 『맨디블 가족』, 『해리 포터와 저주받은 아이』, 『12월 10일』 등의 소설 외에도 『작가의 시작』과 『내 옷장 속의 미니멀리즘』을 비롯하여 50권이 넘는 다양한 분야의 영미 도서를 번역했다. 2018 GKL 문학번역상 최우수상을 수상했다.

감수 남궁인

고려대학교 의과대학을 졸업하고 고려대학교 병원에서 응급의학과 전문의를 취득하였다. 현재 이대목동병원 임상조교수로 재직중이다. 『만약은 없다』, 『지독한 하루』, 『차라리 재미라도 없든가』, 『제법 안온한 날들』, 『우리 사이엔 오해가 있다』를 썼다.

닥터 K의 이상한 해부학 실험실 ❶

펴낸날 초판 1쇄 2022년 1월 25일
　　　　초판 4쇄 2022년 12월 4일
지은이 애덤 케이
그린이 헨리 파커
옮긴이 박아람
감수 남궁인
펴낸이 이주애, 홍영완
편집3팀 장종철, 유승재, 김애리
편집 박효주, 양혜영, 최혜리, 문주영, 홍은비
디자인 박아형, 김주연, 기조숙, 윤신혜
마케팅 박진희, 김태윤, 김송이, 김미소, 김슬기, 김예인
해외기획 정미현
경영지원 박소현
펴낸곳 (주)윌북 **출판등록** 제2006-000017호
주소 10881 경기도 파주시 회동길 337-20
전화 031-955-3777 **팩스** 031-955-3778
홈페이지 willbookspub.com **전자우편** willbooks@naver.com
블로그 blog.naver.com/willbooks **포스트** post.naver.com/willbooks
페이스북 @willbooks **트위터** @onwillbooks **인스타그램** @willbooks_pub
ISBN 979-11-5581-435-2　74400
　　　　979-11-5581-437-6　74400(세트)

- 책값은 뒤표지에 있습니다.
- 잘못 만들어진 책은 구입하신 서점에서 바꿔드립니다.